JN062726

子ども・若者・おとなの
語りから見えてくる

現代の子育て・教育

―子どもの願い・おとなの悩みに寄り添って―

あいち県民教育研究所
第３期あいち民研子育て・教育総合調査
２０２０年6月7日発行

まえがき

榊　達雄（あいち民研所長・名古屋大学名誉教授）

あいち県民教育研究所（あいち民研）は、一九九一年の発足以来、子ども・青年の学習・発達のあり方などについて、調査・分析・改革提言など、県民のニーズに応える活動を展開してきました。子育て・教育に関わるいくつかの研究部会（教育実践研究部会、教育への権利部会、高校入試制度と中等教育問題研究部会、現代における人間形成部会、子育て親育ち部会）を立ち上げ、またそのときどきのタイムリーな問題についてのプロジェクトに取り組み、研究活動を進めてきました。

その一環として、愛知県内の子育て・教育の実態を調査するために過去二回、「あいち民研子育て・教育総合調査」を実施してきました。一九九六年五月に『共に育もう愛知の子どもたち　あいち民研子育て・教育総合調査』を刊行し、二〇〇五年一二月には『共に育もう愛知の子どもたち（ＰＡＲＴⅡ）』を刊行しました。

このたび「第三期あいち民研子育て・教育総合調査」を実施するに当たっては、過去二回とは異なり、アンケートによる調査方法や統計的な調査では得難い、当事者の生の声を聴き取ることで、愛知の子育て・教育のリアルな実態、子ども・青年、保護者の方々の希望、あいち民研への思い・願いを把握する活動に取り組みました。その主旨については「まとめ」の折出論考を参照にしてください。

本報告書の内容は、第一章〜第六章、補章、まとめ、から成っています。第一章〜第六章の内容の大まかな枠組は、子ども・若者に関し、幼児期の育ちについて、子育てに不安をもつ幼児の母、保護者と共に子どもの育ちを支える保育士、福祉の視点をもち、親の困難に寄り添う保育園園長等から、学童期の育ちについて、子どもの最善の利益をねがい、子ども・親たちをつないで支える学童保育指導員から、聴き取りがされています。

子どもたちのリアルな話を聴くことを求める教師の声は、小・中・高校それぞれの教師の声として収められています。不登校の子ども・若者の声は、心が元気になってくれることを願って、母親、祖母・保育士等からのもの、および経験者であった高校生や大学生本人の声として収められています。

発達障害の子どもについては、合理的配慮を求める父母、サポートする母、発達障害を疑う成人、心の声を聴き取るスクールカウンセラーからの聴き取りが収められ、貧困・虐待の子どもについては、その子どもたちに寄り添う無料塾スタッフからの聴き取り、また虐待から立ち上がり、癒される過程を経験した被虐待の成人からの聴き取りが収められています。

以上の内容全般について根本的には、憲法の理念に基づき、すべての子ども（幼児・学童）・青年の発達と教育への権利（憲法二六条）の保障は、まずは行政（国・自治体の行政）に責任があり、保護者および住民は行政にそれを要求する責務があると考えるべきです。そして根底において、すべての子ども・青年は、個人の尊厳（同一三条）の保障を不可欠とし、そして「法の下に平等であって、人種、信条、性別、社会的身分又は門地により、政治的、経済的又は社会的関係において、差別されない」（同一四条）ことが求められます。

本書が多くの人に読まれ、子どもの願い、大人の悩みに寄り添った子育て・教育が実現されることを願っています。

目　次

第一章　保育は福祉

―　幼児期の育ち　―

1　若い母親の子育て不安

―私を支えたもの―

幼児の母　優美

幸恵

1　出会いに感謝

【問い】をとおして、若い母親の子育て不安を語ってもらった。それは、ふたりにとって子育てを支えたエピソードであった。それをふたりで確認し合うような語りだった。

【問い】　ふたりが知り合ったきっかけは？

優美：わが子（長女）が六ヶ月だった頃、高校時代の友人から、「あなたの近所に私の友人（幸恵）がいるよ」と教えてもらい、三人で会う機会をつくってもらった。同じ小学校学区に住んでいることが分かり、それから児童館で会ったり、お互いの家を訪問したりするようになった。

幸恵：友人に感謝！　出会いに感謝！　子育てをしている同世代との出会いは大きかった。

2　心も身体もボロボロのなかで

【問い】　子育てで一番困ったことは？

幸恵：二人目を産むとき、実家の母が病気で入院、実家に戻ることができなかった。そのため、出産のため入院している間、長男をだれがみてくれるのか、たいへん心配、苦労した。結果的に、私の妹と夫（会社員）と義母の三人に助けられて、何とか乗りきった。

退院後も、自分の体の回復が十分できず、苦労した。長男への愛情を十分注ぐことができず、不安定になったことも多々あった。日々、洗濯や食事など家事に追われていたが、とりわけ食事づくりがたいへんだった。買い物に行けなかったり、食事をつくる余裕がなかったりの日々で、外注（弁当）に頼ることも度々だった。これは助かった。

優美：私も一緒。二人目を産むときがたいへんだった。私の場合は、出産入院のときには、長女の臨時保育（一時保育）先を探し、一週間を乗りきった。その保育園の送り迎えは、夫と義父母に頼み対応してもらった。出産後、身体がつらく、食事をつくれない状況が続いた。夫は家事をやってくれる方だったが、それでも日々ふたりの子育てに追われ、心も身体も「ボロボロ」だった。そんなとき、警察官がわが家に訪問にきたことがあった。ドアの呼び鈴が鳴っても出なかった。感情的にわが子を大声で怒ってしまった頃で、マンションの住民からの通報で警察が来たのかと不安になったからだ。やっと生活のリズムが整うようになったのは、下の子が十ヶ月を過ぎた頃かな。十分な愛情をそそぐことができなかった長女が「ママがんばってね」と言ったときは泣けてきた。

幸恵：下の子に時間がとられ、長男をかまってやれないことが度々あった。あるとき、「ママがくるまでいっかい（一階）でまっているね」と言ったことがあった。強くなったなあと思ったが、寂しい思いをさせていることも実感した。

3　私には逃げ場がない　言葉に出してくれないと癒やされない

【問い】　夫への不満があれば…

幸恵：妊活（妊娠するための活動）でもいろいろ苦労があったが、夫が子育てをしながら、「仕事にいっている方がいいわ」と言ったときは正直怒れた。仕事をしていない私には逃げ場がない。

優美：子どもと遊ぶのも好きで大切にしている夫だが、「たいへんだね」という言葉を言ってくれない、かけてほしい。子育てがたいへんだろうとたぶん思っているだろうけど、思っているだけでなく、言葉に出してくれないとダメ、癒やされない。

【問い】　子育てと仕事の両立の不安は？

優美：子育てと仕事、どちらも中途半端になるのではないかと悩んでいたときがあった。中途半端になるなら、退職しようと真剣に考えたことがあった。しかし、自分のまわりで仕事に復帰するひとが徐々に出てきて、相談してみた。なんとかやっている姿を知って、気持ちがかなり変化した。私にもできるかも…と。いまは、いったん復帰してみて、両立できるかどうかはそれから考えようと思えるようになった。

4　園・学校・行政への期待・要望

【問い】　保育園や幼稚園に期待することは?

幸恵：園での生活をとおして、みんなで活動することや、集団行動のルールを養ってほしい。

優美：ひとりでなく、みんなと何かをすることをたくさん体験させてほしい。それも家ではできない体験を。

【問い】　十月からそれぞれ上の子ども（三歳）をこども園に入園させますね。この園を選んだ理由は?

幸恵：いま住んでいるところに自宅を建てたのは伝統的で安定した教育をしている小学校があり、園がその小学校区にあったからかな。満三歳児を十月から受け入れてくれたことも大きかった。

優美：わが家の場合は、長女がこの園に入ることができれば、職場復帰する来年四月から同じ園に下の子が入園できる可能性が高いと期待したから。保育時間もかなり柔軟的で（朝は七時から、夜七時まで延長保育が可能）、職場復帰したときのことも考えて助かると思ったからだ。

【問い】　小学校教育に期待することは?

幸恵：いろいろあるが、まず基礎知識を育ててほしい。これが一番大切だと思っている。また人としての思いやりも育ててほしい。

優美：教育に関係する仕事に就いているから思ってしまうのだが、楽しく学校に通ってくれればそれでいい。

【問い】　子育てするうえで行政に要望があれば…

二人とも：名古屋市は子育て施設や備品（遊び道具）が古すぎる。また、色も含めて、子どもの発達段階を考慮していない。また、子育て施設を利用するのに、有料の場合が少なくない（例：駐車場利用）。完全無料にしてほしい。

【問い】　お稽古事や塾についての考えは？

優美：長女はいまスイミングと体操教室に通っている（週1回ずつ）。何でもいいが、興味があることがあればやらせたい。

幸恵：長男は、いまスイミングと幼児教室に通っている（ともに週1回）。将来（年少四歳ぐらい）は英語を習わせたい。それは、自分が英語を苦手としていたから。子どもにも同じ苦手意識をつくらせたくないと思っている。下の子（女児）は、十月からピアノ（リトミック）に通わせたいと思っている。将来の選択の幅を広げたいと思っているから。

5　その瞬間に子育ての喜びが…

【問い】　子育ての楽しさ、喜びは？

優美：どんなことでも、できなかったことができるようになったときの姿に感動、喜びを感じる。

幸恵：わが子を出産したときの喜びはもちろんだが、表情に変化がなかったわが子が次第に笑って反応してくれる、その瞬間に至福を感じる。こちらの言っていることが（なんとなく）理解できているときも、喜びを感じるときだ。そんな時間がずいぶん多くなった。

ヒアリングを終えて

1　子育ての不安に縛られないために

親が子育て（育児）にどんな不安をもっているのか、政府や民間組織がさまざまな調査を行っている。そこで指摘されている不安をみると、たとえば「経済的負担」「親としての自信・能力のなさ」「わが子の成長・障害不安」「パートナーや家族の無理解・協力不足」「相談・支援体制の不足」など、多様な内容があがっている。

内閣府が行った調査（平成二六年度「結婚・家族形成に関する意識調査」）は、「二〇〜三〇代の未婚者及び既婚者の、結婚、妊娠・出産、子育てについての意識」を直接聞き取り、子育て不安の要因や社会的背景の問題を抽出・分析を行うことを目的にしたものであった。

「妊娠・出産、子育てについての意識」の項には、「子供を持つことへの不安要素では、未婚グループで『経済面』と『きちんと子供を育てることができるか』という2点が共通して挙がった。また、未婚女性では、出産後も仕事と両立できるかという点も不安に感じている。既婚者において、さらに子供を持つことへの阻害要因は、教育費等の経済面とこれ以上手が回らないという物理的要因が主に挙がった。また、女性（妻）が年齢的に難しいと判断している場合もある。また、東京の既婚女性グループでは、不妊治療・出産・子育てに関する行政サポートをもっと充実させてほしいという強い要望が挙がった」と指摘している。

若い母親（優美、幸恵）も不安の度合いは違うものの、子育てについては多様な不安をもっていた。注目したいのは、経済的不安感はあるものの、母親に過重な負担がかかりやすい子育てへの不安（孤立感）は予想以上のものであったということである。子育ての孤立感をもちつつも、徐々に「不安に縛られない」子育てが少しずつできるようになったのは、夫や両親以外に、子育てをしている同世代との出会いと日常的な支え合いがあったからであろう。ふたりの出会いから、次第に同世代（ママ友）のつながりが広がったそうだ。

幼い子どもを抱えた家庭の夜は大変である。夕食・入浴・就寝と、時間と手間のかかるときである。「夫が勤務で遅くなるときはどうしているの？」と尋ねたところ、その対策を教えてくれた。遅くなれば母子がどこかの家に集まり、夕食・入浴をともにしているそうだ。

2　必要な社会的サポート

「私たちは幸運だった。友だちを介して知り合うことが偶然できたのだから」とふたりは強調する。出会いがつながりの輪を広げ、共働きをするママ友の姿をとおして職場復帰の決意も後押しされ、「どうにかなるかも」と思えるようになったと優美は語った。

また、保育や教育に対する考えも、ママ友との交流をとおして、子どもたちが交わり、わが子の育ちをゆっくりと見られるようになったそうだ。園や学校に対して、子どもどうしの交流や体験の大切さを強調し期待するのも、そのためだ。

その一方で、早い時期からわが子をお稽古事に通わせているのは、わが子に苦手意識をつくらせたくないという思いがあることも事実であろう。就学前の早期教育を意識した母親たちではなかったが、学校教育への不安はないわけではなかった。

子育て世代が出会い、子どもの育ちを軸にして、交流し合える場（機会）がだれにでも開かれていること。そんな社会的サポートが子育てには必要であることを若い母親たちは願っているように思われた。

ヒアリング二〇一九年九月　（文責　山口正）

2　子どもの育ちを支える保育園

― 保護者と共に ―

保育士　清美
保育士　加奈子

1　保育園に来る子の家庭での子育て

保育園に子どもを預けに来ている家庭は、生活保護世帯、しっかりした収入のある人、シングルや、若くして子どもを産んでいる人、いろんな方達がいるが、皆一生懸命生きている。それを保育園はサポートしていきたいと思っている。園に入っても生活リズムが整わなくて朝連れて来られない家庭もあるが仕事をしている方達は本当に一生懸命に、仕事をしてお迎えに来ていると思う。

くすぐっても声を出して笑わない子、身を委ねるのが下手でうまく抱っこやおんぶされない子もいる。今はおんぶされる機会がないことも影響している。三歳で新しく入園してくる子の中には、オムツをしている子が、結構多い。保育園でオムツをとってもらおうという親は多い。親御さんも家では大変で、トイレトレーニングでカーッとしたくないという気持ちは分かる。保育園に来ている子はそれなりにいろんな人とも関われるし、親も喋っていける。親を変えるのは難しいが保育園に来ている間、元気で楽しく過ごすことができればいいと思う。

保育園に入れている人は一定の支援も受けられるが、来られない親子をどうやってサポートしていくのかが課題である。

2　発達が気になる子への支援

発達が気になる子、例えば療育センターに行ってみてもらった子やそこに通っている子は、二歳児から一割ぐらいいると思われる。一歳半健診や三歳児健診の際には気になる子については、保育園から前もって、よくみてもらえるように電話で依頼するときもある。健診で言葉やコミュニケーションに課題があるとされると、療育センターで発達検査を受けるように誘ってくれるので、保育園から誘うよりいい。療育センターに親子と一緒に保育士が行って、保育園の様子を伝えることもある。

言葉が遅れていたり、落ち着きがなかったり、人間関係が難しくても、家では困らないし、わかりにくい。保育園の中の集団にいるとちょっと違う行動をすることに気が付くが、それを親に伝え、療育センターにつなげていくのは難しい。親が変だと思ったところのタイミングでないと、なかなか受け入れられない。

発達が気になる子や、児童相談所が入り込んでいるケースの子どもや、保健師さんが見守っている子については情報共有ができている。保健師さんが保育園に来てくれたり電話をしてくれたり、登園が続かない家庭については園から連絡して様子を見てきてもらったりという連携ができている。小学校が新一年生の学級編成をする頃には、学校と情報交換したり、保育要録を一生懸命書いたりして送るが、担任の先生に伝わっていないこともある。

外国人が多い園もあり、急に本国に帰ってしまったり日本に来たり、結構大変そうである。日本語が話せない人がたくさんいる園には通訳がいるが、通訳に頼ってしまってあまり日本語を覚えようとしない状況もある。そうすると、小学校に入ってから日本語を話せず、勉強がわからなくて不登校になったりするので、あえて別の園に行きたかったと言っていた人もいた。喋るのは割とできるが読めない親は多いので、お手紙にはルビを振っている。それでも難しい人は直接親に話している。文化の違いで、思いがけないこともある。

3 「保育所保育指針」が変わって

保育士の専門性を高めることが指針で強調されているので、それを踏まえて、保育の見える化・言語化を意識している。これまでと保育内容は変わらないが、保育士は、職員同士でも、親にも、どういう意図でこういう保育をしているのか、その結果子どもたちはどう変わったかを語れるようにならなければいけない。できる・できないではなく、健康な体や共同性、道徳性などが遊びや活動の中で育っているという確認をしながら小学校へ送りだそうと思う。

字が読めないことを心配する保護者もいるが、遊びの中で興味関心や好奇心を高めて学校に行くこと、規則正しく生活し、自分のことが自分でできることが大事だと伝えている。そして、五歳まではまずは自分の気持ちを思ったように出してほしいと思う。

4　保育の質について

待機児童対策として、各年齢の定員より少し多めに入れる「定員枠拡大」をかなりしたが、その分や障害児対応などは非正規職員になり、給料も安いので見つからず欠員でやっている。病欠や産休・育休の代替や、早朝、延長の保育者がいなくて園長が入っている。正規の職員はなかなか休暇がとれない。非正規職員の負担を軽減するために、仕事内容でも正規職員にしわ寄せがくる。

子育て支援の一環として、保育園や幼稚園に入っていないお子さんを一時保育することもある。枠の割に希望者が多く、親子で徐々に慣れるような保育ができないから、子どもも泣いて大変だと思う。

保育園の民営化が進んでおり、民間移管する先は審査もされるが、一方で、一九人までの小規模保育事業所や株式会社の保育園も増えている（コラム参照）。園によって保育の質がすごく違っていて、小規模園から五歳児までの認可保育所に転園してきたときに、明らかに不適切な保育を受けてきたと思われる子がいる。例えば体が硬くてマッサージをきちんと受けていない子や、外遊びをしていなくて園庭に出ると遊びの姿がぎこちない子がいる。結果的には小学校に入学するとき、今までよりもっと、身の回りのことが自分でできない子どもやうまく遊べない子どもなどが増えていく可能性がある。

5　さいごに

大変なことはいろいろあるが、保育士として、同僚や子どもたちと一緒に生活や遊びをつくりあげていくことは楽しく、充実感があり、やりがいがある。

大変だけど、子どもから元気をもらっている。

ヒアリングを終えて

1　待機児童問題と保育園の状況

近年、就労により保育園を必要とする保護者が増えているが、保育園不足により、実質的には待機児童問題が生じている。保育所に入園できる優先順位は、就労時間等などよって点数化されていて、役所が判断している。役所が案内した園に条件的に入ることが難しくて断った場合、それは待機児童にならない。こういう「隠れ待機児童」がかなりいる。

保育園に入れずに家庭で子育てせざるをえない場合がある他、もともとの定員を拡大して保育所に子どもを受け入れはするが、正規ではなく非常勤の保育者を増やして対応する場合があり、子どもが十分に質的に高い保育を受けられない現状がある。

また、保育園は、形態、管轄、保育料、助成金の仕組み、基準などが多様で複雑になってきている。各自治体は、人的負担削減のために公立保育園を民間移管するとともに、待機児童の多くは〇～二歳児であることから、〇歳から五歳児までの大きな認可保育園をつくらずに、三歳未満児のための小規模な保育事業所を増やしてきた。そして、株式会社が運営する認可園も小規模保育事業所もどちらも少しずつ増えてきている。株式会社立の保育施設では、運営費全体に占める人件費の割合が低いことが明らかになっている。保育者にとっても、勤務条件が悪く負担が大きいことが予想される。また株式会社立保育施設は、全国チェーン的に展開しており、マニュアルに基づいて保育する傾向がみられる（全国保育問題連絡会・保育研究所編『保育白書』二〇一六・二〇一七ひとなる書房　参照）。中にはビルの一階から五階まで一部屋ずつで、園庭もない園や、管理主義的な保育をしている園もある。小規模保育事業所も認可保育園がフォローして研修することになっているが、株式会社系の事業所では同法人の中だけで研修をしている場合もあり、研修の質に差があると言われている。

このような保育園をめぐる変化のなか、保護者からみると、保育園の種類の違いはわかりにくい。まず入所できることに必死で、午睡用の布団などを家から持って行かなくても園が準備してくれるなどの利便性だけに目を奪われてしまい、保育の質が伝わりにくいといった問題もある。保育者も、民間移管のひきつぎの対応に追われたり、語られていたように、臨時採用の保育者が集まらず正規職員の負担が増えたりするなどの問題がある。

しかし、保育園に入れる家庭はまだ幸せ、入れない家庭の子育てが心配だと語る保育者。厳しい条件の中で働いている保育者であるから、子ども・家庭・保育の大変さがもっと語られるのではないかと予想したが、それよりも保護者や子どもに寄り添った語り、基本的には保育が楽しいと感じている保育者が印象的であった。

2 子ども・家庭に寄り添った支援

家庭でおんぶされることがない、紙おむつが三歳までとれていないことなど、気になることはあるが、そこには、核家族化と地域とのつながりの希薄化の中で、子育て文化が伝承されないことや商業主義的な育児用品の普及など、社会的な背景がある。そのような背景を考慮したうえで、保護者を非難するのではなく、保育所の良さを活かして支援を行っている保育者のあたたかいまなざしを感じる。

発達障害の疑いのある子どもについては、保護者が子どもの障害をなかなか受け入れようとしないと、世間では批判的に言われることもあるが、乳幼児期の成長過程では判断が難しいことや集団の中でなければわかりにくいこともある。そのようなことも理解し、保護者が困って意識したタイミングで、保育者が保護者に同伴して療育センターに行くなど、保護者に寄り添った支援が、保育の蓄積がある園では行われている。しかし、公立園が民間委託され、株式会社の保育園が増えていく状況の中では、今後このような丁寧な保育がどの園でもできるか不安が残る。

障害だけではなく、外国人の問題も大きくなっていることが語られた。それは、小学校へ就学してからの学習不振や不登校につながっていく問題であり、日本語教育を保障していかなければならない。同時に母語教育も保障していく必要性があるが、まだまだ条件が整備されておらず、課題が多い。

3　パートナーとしての保護者とともに

幼稚園教育要領が改訂され、「主体的・対話的で深い学びの実現」、計画→保育の実施→評価→改善のＰＤＣＡサイクルを強調した「カリキュラム・マネジメント」という言葉も書き込まれた。保育所保育指針においては、そこまで明確には言われていないが、「評価の結果を踏まえた保育の内容等の改善」、そして、「保育の質の向上に向けた全職員の共通理解に留意」することや研修体制の強化などが強調された。また、保育所保育指針では、「保護者と連携して『子どもの育ち』を支えることを基本として、保育所が行う子育て支援の役割等について」も強調されている。保育者が語った、「これからは保育の意図や子どもの様子を職員間でも保護者にもわかりやすく説明することが大事」だということには、このような背景がある。

二〇一九年一〇月から三歳児以上の保育料（食費以外）が無料になった。低所得者層はもともと保育料を減免されている場合もあり、あまり恩恵がない。また、基準の緩い認可外保育施設やファミリーサポートセンター事業も当面該当することになり、子どもの立場に立った保育の質を高めていけるかなど、問題は残る。

勤務条件が厳しい中、保育士に求められることは多い。就学に向けての保護者の焦りも見受けられるが、保育者が保護者とともに対等の立場で理解しあい、育ちあっていくことがますます求められている。

【コラム】

昨今の保育園事情

現在、制度的に、乳幼児を保育する施設は多様になっている。二〇一五年より、「子ども・子育て支援法」が施行され、これまでの保育所、幼稚園と別に、幼稚園と保育所の機能や特徴を合わせもつ「認定こども園」と、二〇人未満の〇歳から二歳の子どもを預かる「地域型保育事業」が内閣府の所管として位置づけられた。「地域型保育事業」には、「小規模保育事業」（定員六〜一九人）、「家庭的保育事業」（定員三〜五人）、「事業所内保育事業」（事業所の保育施設などで従業員の子どもと地域の子どもを一緒に保育する）、「居宅訪問型保育事業」（いわゆるベビーシッター業）の四つの型がある。

「地域型保育事業」は市町村に認可されることで、補助金や財政支援を受けられる仕組みが整うことになったが、問題は、これらには、園庭がなかったり面積が小さかったり、基準の職員数のうち全員が保育士資格を持っていなくてもよかったりと、認可基準が緩められていることである。

そして、これらの他に「認可外保育所」（「託児室」「無認可保育所」と呼ばれるもの）がある。「ベビーホテル」もこのうちの一つである。二〇一六年四月からは、内閣府が主導して「企業主導型保育事業」（認可外）が始まった。これは、事業所内保育事業と似ているが、地域枠の子ども定員を設定しなくてもよく、認可外保育事業であるにも拘わらず、保育施設設置者に運営費や整備費等の助成や援助を行う仕組みがあり、かなりの勢いで広がっている。企業主導型保育事業には自治体が関与しないことから保育環境や安全面について懸念する声もある。また、保育事業所によっては、補助金の不正使用や短期間での閉鎖・撤退も問題になっている。このような種類の保育事業を含む認可外保育所における死亡事故発生率は認可保育所のおよそ二〇〜三〇倍になっている。

ヒアリング二〇一八年七月　（文責　山本理絵）

3　父母とともにつくる幼稚園

―福祉の視点をもって―

幼稚園　園長夫妻　仁
なおみ

【調査対象園の概要】

今の日本の幼稚園は、大きく分けると四つに大別されると考える。

①「早期教育（英語や、漢字・計算力向上など）」を特色とする園

②「才能教育（音楽など）」を特色とする園

③いろいろ園の特色を謳ってはいるが、結局、文科省の幼稚園教育要領（後述）に則った幼児教育になっている園

④遊びや自然の持つ教育力、体験を大事してきた日本の幼児教育の遺産を土台にしつつ、創造的な教育・保育の実践・研究に取り組む園

この幼稚園は④に該当する園である。筆者は保育士養成大学に勤務したときから十五年以上にわたって本園の実践に注目してきた。制度的にも内容的にも大きく変えられようとしている日本の保育のあるべき姿を探る上で興味深い幼稚園である。

次のようなことを語ってもらった。

①どのような幼児教育を目ざしてきたのか

②園児・保護者の現状

③園の保育内容と課題

④新保育システムにどう対応しているか

⑤幼小連携の実態、障害児への支援など

1　幼・保一体化の先駆的取り組み

私たち夫婦は、医療の仕事に関わる中で、自分たちの理念を実現できる保育園を作りたいと考えた。一九七〇年代、愛知県は名古屋のベッドタウンとして、各地にマンモス団地の建設を進めていた。S市でもそれにともない各種の教育施設建設が進められ、H団地で幼稚園用地を斡旋していた。当初、保育園の設立をと考えていたが、条件が幼稚園であっても幼児教育という大きな枠組みでとらえ、幼・保一体化の園と位置づければ、理想実現の障害とはならない。こうして幼稚

園づくりをスタートさせた。

地域に根付いた幼稚園という理念から、父母の声を大事にした幼稚園づくりを進めた。また、私たちは「教育畑」でなく、福祉の現場出身ということで、幼稚園であっても、保育園の役割を大事にした。

① 三歳児から受け入れ(当時は保育園ですら〇〜二歳児は受け入れられず、三歳からであった)

②障害児保育（義務教育の場でも養護学校教育の義務化が始まったのは一九七九年であった）

③あずかり保育

2　この幼稚園の目ざすもの

子どもの心と体を解放する自然体験や幼児期に大切にしたい生活体験を軸にしている様々な園の著作を読んだり、訪問したりした。こうして構想を練り、次のような柱を立てた。

(1)豊かな自然体験を
どろんこ遊び、野外活動などで、冒険心、「何だろう、どうして?」の知的好奇心を育てる。

(2)栽培活動で労働体験
園庭の片隅だけでなく、畑を借り、さらに自前の農園を持つまでになった。

(3)五感をフル動員、積極的に道具を使う
なかまとの集団遊び、栽培活動などで、自己有能感、道具を使いこなす筋力・全身の調節能力、責任感が育ってきたと思う。しかし入園当初は、どろんこを嫌がり、軍手をしないと畑仕事が出来ない子がいる。安心・安全に過敏な父母の影響だと思うが、園の様々な活動に参加してもらう中で、理解してもらうようにしている。

(4)「体験」が「認識」にまで高まることを視野に
何人かの親から、「文字を教えないのですか?」という声がよく出る。こういう声に応える意味で、「文字・数は教えないが、学ぶ」ための環境を整えている。「ひまわり文庫」という、あまり他園に例を見ない大

きな図書館を作っている。栽培した野菜や野外活動で捕まえた虫などを観察し、ここで図鑑で調べることもある。このように豊かな生活体験をし、そこから生まれた疑問を本で調べている。体験を体験にとどめず、知識・認識にまで高めていくことを考えている。その結果、教えなくても文字を学んでいる。先生から園児へのコミュニケーションは、年長児になれば、言葉だけでなく文によっても成立する。

また「感動を表現しよう」ということで劇あそび・造形活動にとり組んでいる。劇遊びでは脚本なども読みこなしている。発表会は、園の大きな行事となっている。

⑸父母の横のつながりを大切に

父母もパートナーとして、農業体験などの取り組みや図書館運営への参加、親子読書を勧めている。いろんな活動を通じて、父母の会だけでなく、父母のサークルが生まれ、つながりが深まっている。しかし積極的に参加しようという父母が減ってきているのが気がかりである。

また卒園した子どもたち・親たちが気軽に来園できるようにしている。幼小連携を視野に入れ、この園で育った父母の力を小学校のＰＴＡ活動で生かせたらと呼びかけている。

幼稚園の図書館・ひまわり文庫

ヒアリングを終えて

1　幼保一体化の現状と課題

ヒアリングを終えて、現在の幼稚園の置かれている位置や幼児教育の問題点について三つの側面から考えたい。一つ目は、二〇一五年度から施行された「子ども・子育て支援新制度」の問題である。「認定こども園」は、「教育・保育を一体的に行う施設で、いわば幼稚園と保育所の両方の良さを併せ持っている施設」と説明されている。しかし、多くの既設の保育園や幼稚園では、この認定こども園システムは、長年、積み上げてきた教育・保育内容にそぐわないということで、移行反対の声が多い。その結果、幼児教育の一体化どころか、いっそう複雑なシステムとなった（下図・内閣府子ども・子育て本部ホームページ参照）。幼稚園は文科省の管轄、保育園は厚労省の管轄、認定こども園は内閣府の管轄である。実際には内閣府は各省庁の

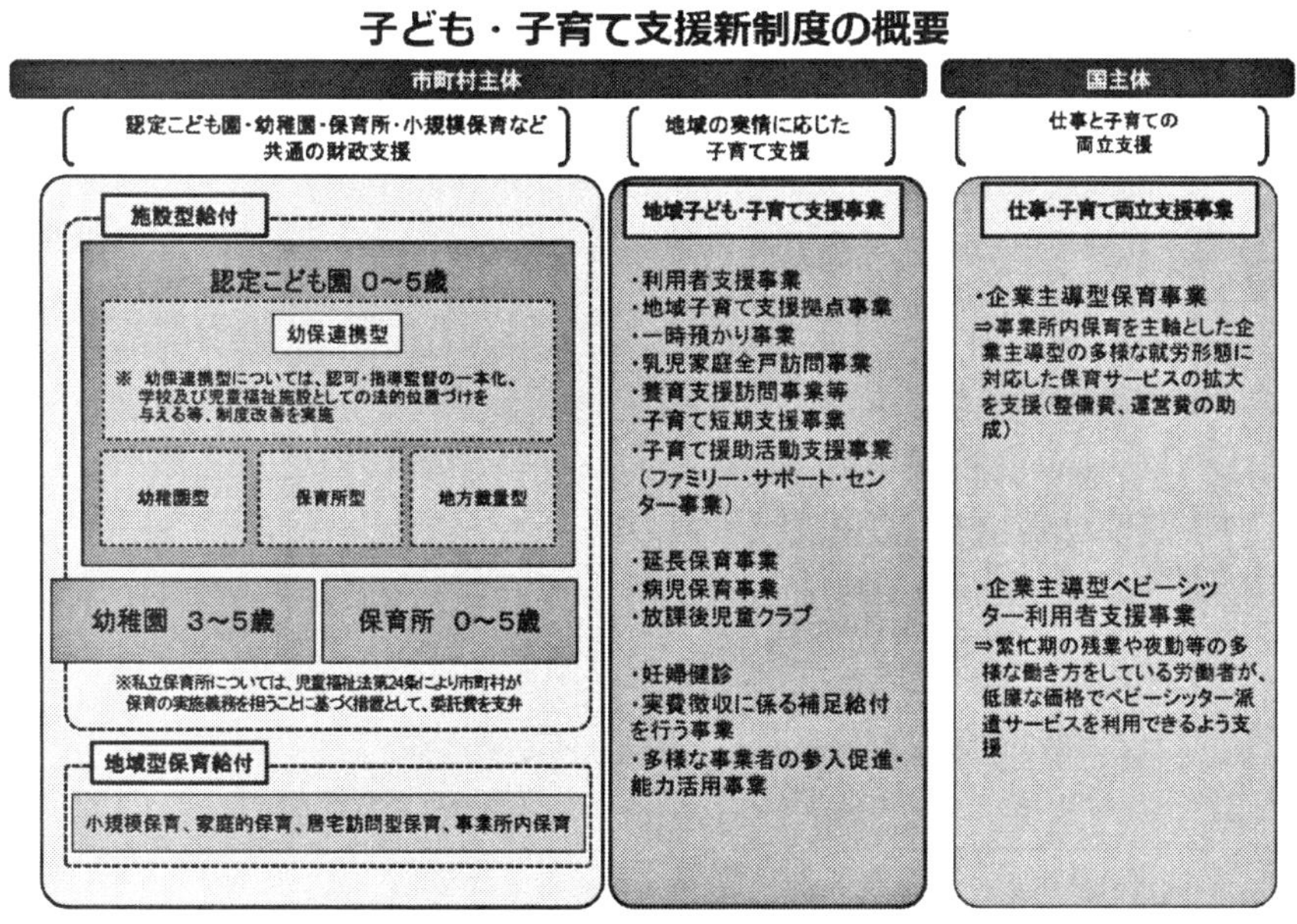

上に立つと考えられており、管理は一体化したとも言える。ヒアリングを行った保育園（「4　子どもの笑顔を大切に」参照）もこの幼稚園も、国の「誘導」があるにもかかわらず、「認定こども園」は問題が多く、切り替えることを強く否定された。保育園の園長は「保育は福祉です」と明確に指摘され、この幼稚園でも「福祉」という創立期の原点が貫かれていた。

2　幼児教育の「無償化」の問題

二つ目は、幼児教育の無償化という財政面での問題である。「無償化」が喧伝されているものの、義務教育でありながら納入金を徴収している小中学校と同様の問題が生じている。無料化の対象児は、三歳から五歳児であり、〇～二歳児(保育園)は、住民税非課税世帯を除いて有償である。厳密にいうと、満三歳になり年度途中で幼稚園に入園した場合（保育園でいう二歳児クラス）保育料は無料、保育園の場合は、満三歳になった後の四月一日（三歳児クラス）から小学校入学前までの三年間であり、幼稚園と保育園で違いがある。保育の必要のない子ども（一号認定）の場合、給付（園による代理受領）は、一人あたり月額二五七〇〇円という上限があり、「預かり保育」も利用日数に応じて、最大月額一一三〇〇円という上限がある(次頁・内閣府ホームページを参照)。

さらに給付金の利用可能品目に制限がある。通園送迎費、給食費、行事費などは、これまでどおり保護者負担である。ただし、年収三六〇万円未満相当世帯の子どもたちと全ての世帯の第三子以降の子どもたちについては、副食（おかず・おやつ等）の費用が免除される。

また、公立の幼稚園・保育園には障害児のための加配保育士の配置等の制度があるが、私立幼稚園・保育園ではそのための補助金の額が不十分である。どの園も人件費は悩みの種であり、この幼稚園も同様である。国や自治体の配慮が必要である。

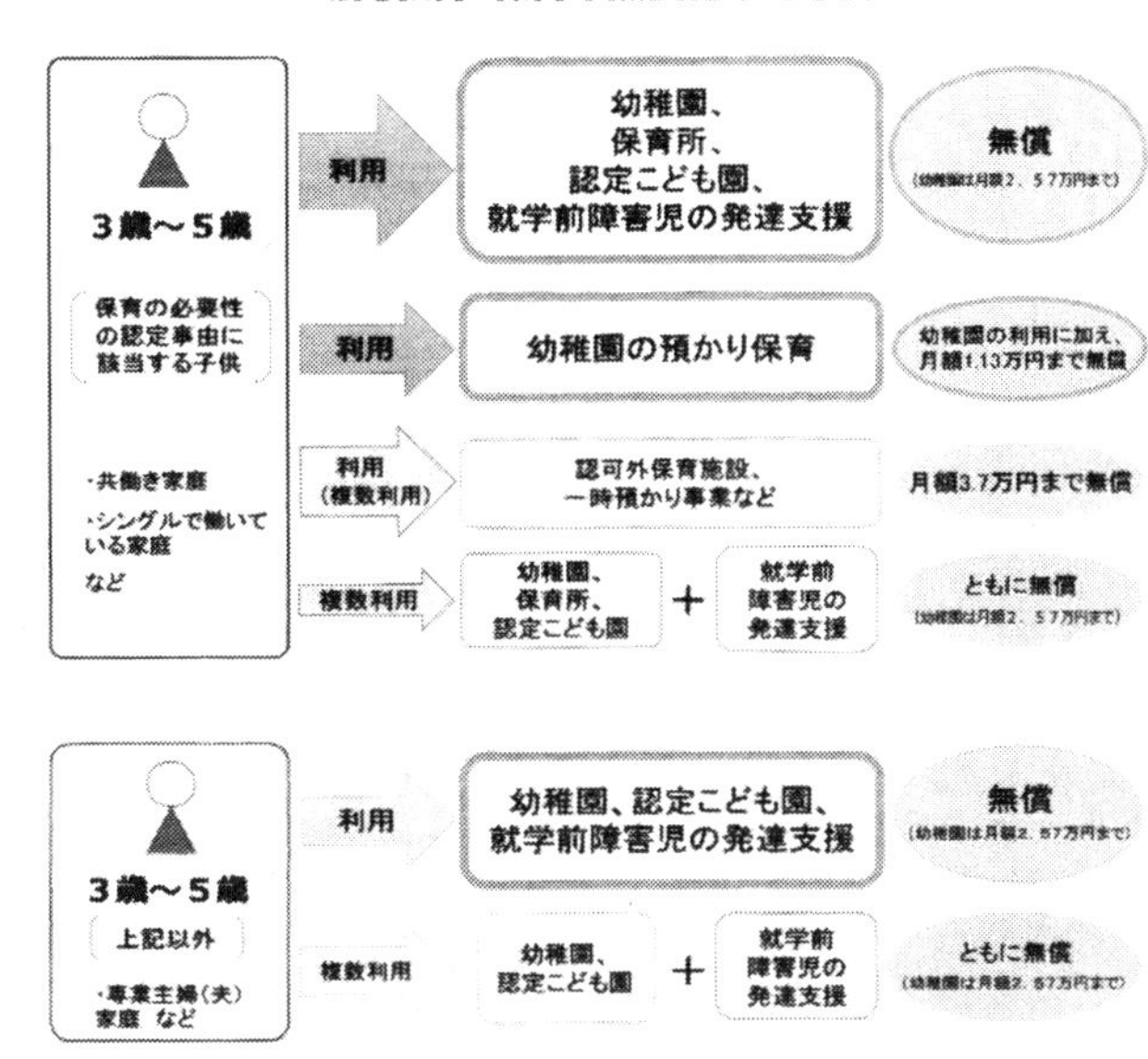

3　ゆたかな自然と仲間にたっぷりふれあう中で、人間らしい心と体の発達を

三つ目は、教育・保育の内容に関わる幼稚園教育要領、保育所保育指針の改定である。様々な問題があるが、ここでは「幼児期の終わりまでに育ってほしい姿」について述べてみたい。それは、①健康な心と体　②自立心　③協同性　④道徳性・規範意識の芽生え　⑤社会生活との関わり　⑥思考力の芽生え　⑦自然との関わり・生命尊重　⑧数量や図形、標識や文字等への関心・感覚　⑨言葉による伝え合い　⑩豊かな感性と表現　である。

これは小・中学校の学習指導要領の内容に対応して改定されている。文字上はもっともなことに読め、「幼児の幼稚園修了時の具体的な姿であり、教師が指導を行う際に考慮するもの」であり「到達すべき目標ではないことや、個別に取り出されて指導されるものではないことに十分留意する必要がある」（文部科学省『幼稚園教育要領解説』二〇一八年)と説明されている。

この幼稚園は、積み上げてきた方針を変えることはなかった。しかし、多くの園では、結局、教育目標設定時に、これが意識され、保育内容を縛ることになるであろう。幼児教育を考えるとき、「福祉」の視点が抜けてしまうと、小学校入学前の準備教育化してしまうおそれが多分にある。

数少なくなったとはいえ、この幼稚園のように、「早期教育」の流れに抗して、自然や遊びの中で幼児期に必要な心と体の発達を大事に考えて実践している園がいくつもある。

4 「ゆりかごから墓場まで」の教育を見通す

今まで、教育研究集会と称しても、実際は小学校以上の学校教育を対象とし、幼児教育をぬきにして語られることが多かった。一方で、幼児教育分野の研究集会への学校関係者の参加は極めて少ない。「幼保小の連携」ということが言われながらも、中身は「規範意識を持たせ、規則ずくめの小学校に適応させるためにどうしたらいいのか」という論議になってしまうという嘆きを幼稚園・保育園関係者からしばしば聞かされた。学校種別や専門分野の枠に狭めず、多様な校種や分野の人々が一緒に問題解決に当たることが必要である。

近年、あいち民研では福祉と教育を結びつけた実践・研究の交流の場が拡がっている。さらに学童保育、障害者施設での教育など、今の子育て・教育の問題を考えたとき、さらに幅広い交流・研究の場を設定することが求められている。

ヒアリング二〇一七年十一月　(文責・山田隆幸)

4　子どもの笑顔を大切に

―親の困難に寄り添いながら―

保育園　園長　久美

1　様々な困難の中で生きる子どもたち

それぞれ違った家庭環境で育ったとしても、ゼロから六歳の間を、等しく平等に健康で文化的な乳幼児期を過ごさせる保育を担うのが、公立保育園と公的法人＝社会福祉法人の役割である。

一歳児でも泣かない子どももがいる。泣いても何もしてもらえない、関わってもらえない、また後追いしても振り向いてくれないという「学習」を積むと、子どもは訴えることをあきらめる。

この十年で保護者の実態が変わった。一歳未満の母親の有職率は倍増している。祖父母も働きに出ており、母親はダブルワーク。高校の兄もバイトし、一家総出で働いている。そうやって無理な働き方をしながら、携帯を買う生活になっている。

家族みんなで旅行に出かけるとか、冬は家族みんなで寄せ鍋をつつくとかの文化もなく、金銭的にも時間的にも余裕がなくなってきている。

これでは、乳幼児が話しかけても疲れた家族たちは、立ち止まって目と目を合わせて話すゆとりもない。そのように自分の話を聞いてもらえなければ、無気力な人間に育っていく。

2　「だらしがない親」と切り捨てない

衣服をちっとも洗濯してないとか、遠足なのに弁当を作ってくれない、…とか、そういう親がいる。しかし、その親を「だらしがない親だ」、「親の育児放棄だ」と嘆いていても前に進まない。

好きこのんでだらしなくしているわけでも、荒んでいるわけでもない。そうした親たちも社会がそうさせてきた存在だということに気がつく。

「すみません。洗濯してきてください」「また忘れていました。困ります」というように、保育者が表面に見えるところだけで親たちに接していると、親たちは絶対に心を開かない。

私たちの保育園では、自分たちの家にある着古したエプロンを一〇円で売り、それだけではなく、油性マジックで名前を書けば、失うこともなくなるという生活の知恵をさりげなく親に伝えている。

そうしていくうちに、今まで世間から排除され、変えること・変わることを諦めてきた親たちは、そこのところは大変敏感だ。この保育園なら、この先生ならと、徐々に園に協力してくれるようになる。

3 新自由主義の中で

環境のよい保育所を高学歴高収入の親たちは、ネットなどを駆使して探し出すことができるが、ぎりぎりの生活に追いやられている人たちはそれができない。

例えば、定員の関係上〇歳児から入所させなければ、その先の三歳児保育の空きがないことに気が付かない。そのため、園庭もなく、ビルの一室での保育園にしか預けられない。そういうところの中には、コンビニ弁当や大人用のおにぎりを分け、一つの容器にぐちゃぐちゃに入れてあてがわれる「給食」を与えられるというような保育園だって現実にある。

待機児童で騒がれている分、近年保育園の認可は基準が低くなって、保育内容が急速に劣悪化している。

経済格差は情報格差を生み、受けられる保育の内容が違ってくる。生きていく土台をつくる重要な時期に、受ける保育環境の違いが、どう育ちに変化を生じてくるか恐ろしい気がする。

政権の政策を変えると同時に、目の前の子どもたちを救う緊急的な手立てが必要とされている。

4 虐待してしまう母の支援も

「子どものころ、父母、弟、妹は鍵を持っていて、自分だけ持たされなかった」という子どもが母親になった。その母が今わが子を言葉の暴力で虐待している。それでも園に通い続けているうちに、自分だけ家に入れずに玄関で待っていたつらさ、ネグレクトときょうだい差別を受けていたことを話してくれるようになった。一流企業で働くその母は、早く家を出たかったと言っている。そんな話を「悲しかったよね。悔しかったよね」と言葉をかけながら聞いていく。数年かかってやっとぽつぽつ話し出す。親に愛された経験のない人は、そうやって心を氷のようにしていかないと、生きてこられなかったのだと思う。

5　子どもの発達を見据えた保育活動を

私たちは喜怒哀楽を表せない子どもたちに対して、感情を耕し、泣かせることから保育活動を始めている。

「ウザイ、キモイ…」そんな負の言語を「くやしい、うれしい、たすかった」といった言語に置き換えて獲得させている。

就学前教育の準備としてではなく、子どもの土台づくりとして保育をしている。

6　保育は福祉

子どもとの時間を大切にし、一緒に当たり前の生活をし、当たり前の感情を持つことさえも諦めさせられている親子がいる。

保育が制度改革で市場化され、規制緩和され、サービスになってしまっている。権利の主体者だった親と子どもが、単なる消費者にさせられている。そういう親子を、つなげていく場所が保育所。保育は福祉なのだ。

7　働く者を守りながら

実は、保育園で働く保育士（職員）自体が貧困の場合もある。それでも名古屋市はまだ、公私間格差是正制度があり、私たちの園では、公立と同じ水準の給与が保障されている。

長時間労働にならないように、時間帯によって非常勤の職員をできる限り配置もしている。

ヒアリングを終えて

1　福祉のまなざし（貧困に関わって）

相対的貧困率は、一五・七％、子どもの貧困率は、一三・九％である（平成二九年度版　厚生労働白書）。実に、七人に一人の割合である。三五人学級のクラスだと、一クラスに五人から六人の子がそれに該当する。なかでも、母子世帯での貧困率は、六〇％近くになり、深刻である。

しかし、その実態は、直接子どもと接している学校の教師ですら見えにくいものである。服装などの身なりはきちんとしている、持ち物もちゃんと持ってくる、親は携帯電話も持っている、集金は銀行からの振り込みで学校はタッチしていない、…。「貧困」は、見ようとしなければ見えない。

「貧困」が子どもたちに与えるものは、「経済的な困難」だけではない。経済的困難が中心であることは間違いないが、それは、「不十分な衣食住」「親からの適切なケアの欠如（虐待・ネグレクト）」「文化的資源の不足」「低学力・低学歴」「低い自己評価」「不安感・不信感」「孤立・排除」などを伴う。それは、「若者の貧困」を生み、「貧困の世代間連鎖」さえも生み出す。

この保育園だけではなく、おそらく全ての保育園がこのような厳しい・根の深い「貧困」に直面している。久美が園長であるこの保育園では、一見問題だなあと思われることがあると、そこには必ず何か理由があるはずだと、園長をはじめ職員が、「福祉のまなざし」を持っている。

「子どもは社会の宝物」である。それは、国や企業にとって必要な「人材」としてではなく、文字通り子どもの存在そのものが宝物だからである。そうであるなら、子育てを「ダメな親だから」と言い、切り捨て、親の「自己責任」にしてはならないはずだ。

2　乳幼児期の子どもの発達課題

〇歳から六歳の乳幼児期の子どもの発達にとって大事なことは、何だろうか。この保育園に掲示してある一枚の紙がある。

大切にしたいこと
1　自ら考え行動する
2　人の話に耳を傾ける
3　人を思いやる心
4　自分へのゆるぎない自信
5　愛されている安心感

小学校の前段階として、小学校に上がってから子どもが困らないように、いろいろなことを「できる」ようにすることが保育園の課題ではない。きちんと座席に座っていられる、立ち歩かない、黙って話を聞く、先生の指示に従える、などができるかどうかが重要ではないのだ。

おなかと気持ちを満足させるおいしい給食を食べる。生活を共にする仲間との遊びといろいろな活動が体験できる。そのような中で、自己肯定感を育み、自分が大切にされる安心感と、人への信頼感こそが育てられるべきである。

「落ち着いている」とは、一見「きちんと席に座って静かに先生の話を聞くことができる」ことのように思われがちだ。また、学校に入学すると、そういうことが「評価」される傾向にあることも事実である。しかし、「落ち着いている」とは、ちゃんと座席に座っている状態のことではない。動くこともできるが、今は選んで座っている、そういう子どもの意志や意欲が表れた状態のことである。そうであるなら、先生の指示からはみ出すことがないようにすることが大事なのではなく、安心感を基礎にした意欲を耕すことこそが大事になされなければならない。

小学校での授業の立ち歩き、他者との応答ができない、自我の確立がない、愛着障害を疑うなどの問題を考えると、乳幼児期に、安心できる他者、自分を大事にできる心、挑戦する自信や気力を培い、やりたいことを思いっきりやり切る時間的空間的な保障をすることが大切だと考える。

このことを考える時、乳幼児期に子どもたちに育てたいもの・大切にしたいものがおのずと見えてくる。

この保育園では、そして、多くの保育実践では、この大切にしたいことが職員の共同の願いとなっており、共同の目標になっていると感じる。

3　子どもの虐待に関わって

昨今、虐待は繰り返し不幸な結末を迎えている。しかし、これだけ社会問題として「虐待」が話題になっているにもかかわらず、実際には特殊な家庭の問題として周囲は一歩が踏み出せないでいるのが現実ではないか。この園のように、虐待をしてしまう親に寄り添い、その氷のように固まった心を溶かしていくことでしか、虐待は食い止めることができないのではないかと改めて考えさせられた。

だが一方では、保育園だけでは虐待を防いだり適切な対応をしたりすることは難しいのは当然である。児童相談所・保健所・民生委員・地域の子育て団体・学校…。各施設が連携する必要が今こそ重要な課題になっている。

スマホの問題も気になる。二〇一六年総務省は、日本の携帯電話、PHSの普及率が一五四%と報告している。人が生きていくために「重要なものは何か」「本当に必要なものは何か」が、この資本主義社会の中で分からなくされている。久美園長からも、スマホに「子守」をさせる親の実態、スマホを渡されて一人で時間を過ごしている子どもの様子などの懸念も語られ、スマホのように愛されたい意味で「わたしも、スマホになりたい」という子どもの切ない・悲しい言葉も教えてもらった。

子どもの発達課題を見据えて、子どもを取り巻く【遊び】【文化】【子ども同士の横の関係性】を意識的に追求されているこの保育園の取り組みは、子どもの心の貧困・関係性の貧困に対する根底的な取り組みだと感じた。

ヒアリング二〇一六年一一月　（文責　鬼頭正和）

第二章　子どもが共に伸びていくために

― 学童期の育ち ―

5　子どもたちの最善の利益を

―生活の中で力を―

学童保育指導員　真知子

1 「命を受け止める」活動

私は、名古屋市の学童保育指導員の仕事を二十年以上してきた。子どもに関する社会的課題で心配なことが多々ある。例えばいじめの低年齢化と増加（小学生のいじめ認知件数十五万件以上）。また、思春期は不安が増幅傾向にあり、常にナイフを持っていないと安心できない子もいたという（埼玉の中学生）。

「子ども白書」には、アレルギー、休み明けの体調不良、ちょっとしたことで骨折という体のおかしさが指摘されていた。骨の成長期に日光に当たる時間が少なく、室内の活動時間が増えていることや栄養不足等が原因ではないかと危惧している。

学童保育所(以下、学童)の子どもたちとの直接的関わりは、まず一、二年生を学校へ迎えに行くことから始まる。子どもたちが学童に「ただいま」と帰って来て、「おかえりなさい」と迎える時、瞬時に子どもたちを視診する（見る、観る、視る、診る、看る)。すると、体の疲労や心の痛みを抱えている様子が伝わってくる。体がカッチンと固まったまま帰ってくる子もいる。学童に着いて、ゆっくりと休んで元気を取り戻す子もいれば、疲れ果てて何もできない子もいる。それを癒す環境づくりを心掛け、エネルギーを再生できるようにする。

休息、遊びなど楽しく過ごせる空間と人間関係づくり（三つの間＝時間・空間・仲間）を大切にしている。

あるお母さんから、「学校で疲れた心と体を学童で癒してから、家に帰ってくる」と言われた言葉が印象に残っている。子どもたちは、私たちに学校や家庭とは違った姿を見せているようだ。

学童でどんな遊びをするか、子どもたちと相談している。例えば「将棋大会をやってみたい」と意見が出れば、大会の企画や運営、自主管理等が身につくように、子どもが企画運営するプロジェクトをたちあげ、活動の援助をする。そのような文化的活動や芸術的活動への参加も、子どもの楽しみづくりとして大切にする（子どもの権利条約第三一条を意識的に実践)。

2　生活の中での学び

教科書で勉強をすることもあるが、日常生活の中で、興味関心を示したところから学ぶことを大事にしている。どんぐりを握りしめて散歩から帰ってきた子、それを土に埋めて、芽が出てきたことに喜んだ子もいた。

ある日、イチョウの葉っぱが公園に敷き詰められているような光景に出会った。それを見て、言語の発達がゆっくりだった子が落ち葉と裸木を交互に指さし、意味を確かめるように「あっ、あっ」と叫んだ。それはまるで、ヘレン・ケラーの奇跡の瞬間のようだった。指導員は「木から落ちた落ち葉だよ」と子どもの気づきに共感しつつ伝えた。すると、この子は落ちていない松の葉を指さし、「なぜ落ちないの」と聞いた。この子にとって、「なぜ」という質問は、これが初めてだった。「松の葉はずっと緑色だから落ちないけれど、銀杏の葉は黄色になったから落ちたの」と話すと、深く納得した様子だった。更に、この子は数をいつも「いち、に、さん……」と数えていたが、その出来事の翌日から、「三だね」「五だね」と数を塊で認識できるようになった。また、部屋にいた三人の子どもを見て、「三だね」と言う。そこに二人入ってくると、「五になったね」と言った。実際の子どもの姿を見て、A子とB子とC男で「三」と数の塊がわかり、「三」と「二」で「五」と、足し算が瞬時にできた。自然の不思議さに目を見張る感性（センス・オブ・ワンダー）の働きは、認識力に強く反映するのだと、この子の姿に学んだ。同時に、子どもが豊かな自然に包まれて育つことの大切さを痛感した。

3　保護者や地域の支え

連絡帳に、子どもたちの学童での生活の様子を書いている。すると、保護者からも家での様子や心配事を書いてきてくれることがある。学童でのさまざまな行事に保護者も参加してくれて、保護者同士がいい関係をつくってくれている。

地域に出かけて遊んでいるので、トラブルが起きると、地域の人が苦情を言いにくることもある。そんな時には、日頃子どもを見て下さっていることへの感謝を伝えた上で、「悪いことをした時は叱ってやってください」と、お願いしている。

直接地域の人たちが声をかけてくれる場面も見られるようになり、地域全体で子どもたちを見守っている。地域では世代交代もあり、理解していただける方が継続しているわけではない。それでも地域での見守りの役割を根気よくお願いしている。

4　行政施策

行政は、「処遇改善」と称して課題を出してくる。「こういうことをすれば補助金を出す」と指導員の事務的な仕事を増やす等がそうである。学校の教員も同じだと思うが、指導員も書類の作成に時間をとられ、子どもと向かい合う時間が少なくなっていく傾向にある。しかし、学童保育指導員の仕事は、直接児童期の子どもと向き合い、子どもに関わり、子どもと共に成長・発達していく仕事である。そのために、目の前の子どもたちとの関わりを最優先にしている。

そのことに魅力を感じて、若い人たちが「学童保育指導員になりたい」と言えるようにしたい。そのためにも、労働条件が整備され、学童保育指導員が長く働き続けていける職業になることを願っている。

ヒアリングを終えて

1　子どもたちにとって、最善の利益を

ある八十歳の老人と話していた時、「自分というものを意識しだしたのは、十歳の時だった」と言われた。また、もうすぐ定年を迎える方が、「ぼくがこんな性格になったのは小学校時代にいじめられたからだ」と言われた。お二人とも社会で素晴らしい活躍をされている人だ。仕事や家庭で培ったものがその人の人生をつくってきたと考えていたので、衝撃的な言葉だった。そういった意味で、学童期というものは、人生の土台作りともいえる。そうした学童期の発達を支える学童の役割は重要だと思った。

学童指導員の真知子は、「子どもたちにとって、最善の利益を」と、子どもの権利条約に書かれている言葉を語り、子どもの発達を見据え、子どもたちにとてもていねいなかかわり方をしている。子どもの権利条約を柱に保育活動をしているのである。

子どもの権利を保障するには、子どもをどう見ていくかが重要と思われる。帰宅する子どもたちを瞬時に「視診している」（見る、観る、視る、診る、看る）と語り、子どもの目の輝き、顔色、言動を鋭く観察し、「子どもが学校生活でカッチンと、固まった」とつかんでいる。非常に高い専門性と感性を持っている。

子どもの関わり方について、「子どもと指導員の双方の主体的な関わり方が大切だ」と語っていた。

敷き詰められたイチョウの落ち葉を見て、数の塊をつかんだ子がいた。「わぁー　きれいだねえ」と、一緒になって感動する指導員の関わりがあって、子どもたちの心がひらき、たくさんの言葉を発することができる。

「疲れや心の痛みを抱えてくる子どもたちが、学童での人間関係の中で、自然に治癒していくことを大事にしている」と言われた。そのために「子どもの見方、考え方」についての研修や、学童保育カンファレンスを指導員集団で継続しているとのことであった。こうした研修は大切だと思われる。

2　親子ともほっとできる空間

このヒアリングを通して感じることは、決してコミュニケーション力がないわけではないのに、我が子や孫のこととなると、「我が家のこと」として、責任を負い、周りとの情報を交換していないケースがあることである。家では、親と子が一対一の関係になってしまうが、学童では、保護者同士や、学童指導員との関わりで、親子の関係がより、良好になっている。子育てのちょっとした心配事も気軽に口にだすことで、自分の家のことだけではないのだと安心したり、発達の疑問も周りの親の情報で解消されたりする。子どもを迎えに来た保護者が、学童で一息ついて、肩の力を抜いてほっとして、家路につける様子を想像できる。緊張関係に満ちた学校から、ワンクッションおいて家庭に帰るという、学童のある生活が子どもたちにも心身ともに活力となっている。学校管理下で緊張している子どもたちも学童保育所で、仲間と遊び、気持ちがほぐれ、自分を出せるようになっている。

3　生活の中に学びが

イチョウの落ち葉が敷き詰められたような場面は偶然の出来事である。しかし、指導員の真知子は学びのチャンスを見逃さなかった。それを見た子どもが、「数」をはじめて体に入れていく瞬間を生み出した。日頃から、仲間たちとの学びを大切に育んできたからこそ、量の概念をつかませることができたのだと思われる。偶然の出来事ではなく、それまでの地道な取り組みがあったからこそ起きた必然の出来事だと言える。

部屋に三人の子どもたちが遊んでいる状況に、二人入ってきて五人になったことで、足し算を理解した。それまで数を十分理解できなかった児童だった。順序数として一人ずつ順に足していくのではなく、塊として、すなわち集合数として、五という数字が認識された。イチョウの葉の塊を理解しての足し算の理解である。生活の中で、体を通して理解していった様子がうかがわれる。この体験は今後の学びにも大きく影響すると予測する。

4　地域の中で育つ子どもたち

核家族、地域の関係が希薄な昨今で、子育てに孤立した保護者が虐待をしてしまうニュースがある。

ひとりの子どもが育っていく環境は、昔のように祖父母、おじ、おばがいるような大家族でいろいろな考えがぶつかり合っているものではない。また、近所のお節介なおじさんやおばさんらが口出ししていることも少なくなっている。多くの大人たちの価値観を子どもたちに伝えることが少なくなってきている。

学童での、大勢の保護者たちとの触れ合いや、学童がある地域の人たちとの触れ合いは、大きな意味をもつ。

地域の人たちからの苦情を受け身とせず、積極的に働きかけて地域の見守り隊としての関係をつくっていったことは、地域づくりとして、学ぶべきものである。高齢化している地域の人たちにとっても、子どもたちの存在は活力になっていると思われる。

5　子どもの育つ環境の是正勧告を受ける

日本は、国連から子どもの環境整備の是正勧告を受けている。学童保育で生活する時間は、おおむね二時半～七時までで、延びてきている。長期休業期も含めると学校にいる時間より長くなっている（全国学童保育連絡協議会の二〇一九年調査「学童保育情報」によれば、小学一年生から三年生の子どもが学校にいる時間は年間一二一八時間。学童保育にいる時間は年間約一六三三時間）。

行政からは「処遇の改善」と称して、「こういうことをすれば補助金を出す」と指導がある。そのため、指導員の仕事が増えて、子どもと向かい合う時間が削られている。

若い人たちが、「学童保育指導員になりたい」というような労働条件を整える施策を望む。

【コラム】

学童保育

保護者にとって保育を必要とする児童の安全を守る場であるとともに、学齢期の児童が自立するための成長支援・健全育成を実践する場でもある。

児童福祉法第六条の三第二項「この法律で、放課後児童健全育成事業とは、小学校に就学している児童であって、その保護者が労働等により昼間家庭にいないものに、授業の終了後に児童厚生施設等の施設を利用して適切な遊び及び生活の場を与えて、その健全な育成を図る事業をいう」

子どもの権利条約

一八歳未満を「児童（子ども）」と定義し、世界中のすべての子どもたちがもっている〝権利〟について定めた条約。

一九八九年、第四十四回国連総会において採択。

一九九四年、日本政府批准。

子どもの権利条約の四つの原則（日本ユニセフ協会）

・生命、生存及び発達に対する権利
・子どもの最善の利益（子どもにとって最もよいこと）
・子どもの意見の尊重（意見を表明し参加できること）
・差別の禁止（差別のないこと）

子どもの権利条約第三十一条（日本ユニセフ協会）

一　締約国は、休息及び余暇についての児童の権利並びに児童がその年齢に適した遊び及びレクリエーションの活動を行い並びに文化的な生活及び芸術に自由に参加する権利を認める。

二　締約国は、児童が文化的及び芸術的な生活に十分に参加する権利を尊重しかつ促進するものとし、文化的及び芸術的な活動並びにレクリエーション及び余暇の活動のための適当かつ平等な機会の提供を奨励する。

ヒアリング二〇一七年四月　（文責　丹下加代子）

6　子どもの「放課後のおうち」だからこそ

―子どもたち・保護者たちをつないで支える―

学童保育指導員　なつみ

1　指導員となって十数年

大学で社会福祉を学び、卒業後、学童保育所(以下、学童)でアルバイトを始め、数年後に正規採用された。一人っ子だったけれど、子どもの頃に過ごした学童が大好きで、学童の指導員になりたいと思ってきた。指導員として十数年経ち、中堅というよりもベテランという年になった。

学童がある地域は、古くからの住宅街で、富裕層の住宅と公営住宅、民間アパートなどが混在している。学童は保育料が月額二万円、教材費二千円である。学童＋塾・習い事の費用を出せる家庭から、ひとり親や生活保護受給家庭まで、家庭状況は様々である。保育料の減免措置として、ひとり親世帯・きょうだいのいる世帯は一万三千円とし、ひとり親世帯には自治体の助成金がある(収入制限あり)。六時間目授業や部活動が始まる四、五年生になると、退所する子どもが多い。保育料の負担感や、高学年になれば一人で留守番できるだろうとなる。退所したけれど、本音を出せる場所や異年齢で遊ぶ場所が必要だと、心残りな子どもたちがいる。保護者のゆとりのなさや困難は、働き始めたころよりも多様化し、経済的なことや精神的なことなどとても複雑になっている。だから、安易に退所を引き留めることもできない。指導員として、子どもと保護者の両方のケアにどう取り組んだらよいのか、経験を重ねるにつれ悩みは深くなる。

2　「いい子」でいようとする子ども

五年くらい前から、「これしていい？」と聞きに来る子どもが増えた。「いい子」でなければならない、こうしなければならない、大人の意図を読み取ってそのように動くのが正解と思っているのかもしれない。また、大人の見ているところでの「横着」が減った気がする。大人の見ていないところではやっているのかもしれないけど。大人の目を盗んで「いたずら」をしながら、やっていいこと悪いことを知ると思う。イジメも学校では減っている気がするけど、学童では逆で、同学年よりも年下への弱い者いじめがある。

学校の授業時間が長くなり、宿題が増えた。まとまって遊ぶ時間がつくれない。これはこの十年間の大きな変化。学力も身体能力も格差が開き、できる子は「私はできるから(できない子のことは)知らない」、できない子は「教えて」って言えない。子どもどうしの関係の中で伸びていかない。

3 サッカー少年Aくん

五年生のAくんはサッカークラブに所属している。勉強が苦手で、本人も保護者もスポーツの能力を伸ばしたいと考えている。サッカーには熱心だけど、うまくいかないことが増えたのかイライラして、年下に暴力を振るう傾向にある。彼は足がとても太くて固い。腰も固く、全体的な筋力発達のバランスは大丈夫かと心配になる。私が子どもの頃は、木登りとか、色々な遊びをした。今でも、しっかり遊んでいる子どもの身体は柔らかい。

Aくんは「できなきゃいけない」という思いも強い。遊びはできないことが面白いのに。若い指導員にも共通することだけど、「できないことが笑えるよね。みんな失敗するよね」という経験が少なくて、「できないのが恥ずかしい」が、先立ってしまう。「今日はここまでできた」、「できんかったー」、「できるとは思わんかったけど、できたー」とか。遊びってできないことが多い。だからできたときの嬉しさが広がるのだと思う。

4 ケンカの解決に時間がかかる

下校時、学童分団として集団下校する。ある日、分団が二つに分かれてしまい、一年生Bちゃんが泣きながら帰ってきた。年上の子たちは「知らない」と言うばかり。一緒に帰ってきたのに無関心なのか。「BちゃんがCちゃんのランドセルをひっぱった」、Bちゃんは「前にCちゃんからランドセルを引っ張られた」と、さらに話は絡まる。一人ひとりゆっくり言い分を聞いていくと、Bちゃんが別の分団の子とおしゃべりをしていて、そちらについていきそうになったから、Cちゃんはランドセルを引っ張って注意を促そうとしたということがわかってきた。このような出来事は日常茶飯事。でも、解決に時間がかかる。自分は関わっていない、知らないと、バリアを張っているみたい。トラブルに巻き込まれたくないと、防衛心が先立つのかもしれない。

5 発達障害のDくんと生活保護を受給する母親

発達障害のあるDくんの母親はパート勤務をしながら生活保護を受給していた。迎えが閉所の七時ギリギリになることが多く、母親は、遊びから帰宅へ気持ちの切り替えがなかなかできないDくんをしかることが多かった。そのため、母親に「お疲れ様」とねぎらいの言葉をかけつつ、Dくんの帰り支度を手伝った。

母親の気持ちを受け止めるのに苦労し、深夜まで問い詰められたこともあった。でも、母親は思ったことを何でも話す飾らない人で、学童をとても頼りにしてくれた。学童で雑談している中で、母親の病気が見つかり入院した。Dくんは一時保護となったが、母親は子どもが心配で病院を抜け出し、学童に駆け込んできた。父母会の役員と共に不安を受け止め話し合ううちに、気持ちが落ち着いていった。

しかし、Dくんは気持ちの切り替えが難しく、ほかの児童に暴力的になることもあるため、三年生で退所し、放課後デイサービスへ移行していった。

学童の入所家庭は経済格差が大きい。それでも、子どもへの思いを共感しあえる。大学で社会福祉を学び、支援を必要とする家庭を支えることができて、この仕事をやっていてよかったと感じた。

6　自分の子どもが不登校になって

わが子が小学校一年生の二学期から登校渋りが始まり、二年経った今はフリースクールに通っている。仕事の比重が大きく、自分の子どもには十分な手をかけることができない。学校に行けなくなった時、「まさか、私の子が？」「自分が子どもの発達支援の仕事をしながら、こんなことになるなんて」と負い目に感じていた。学童の保護者から、「どんな子育てしていたの？」と、批判的に驚かれた。そう言われると辛くて、辞めようか、続けようか、その狭間で仕事をしている。

長女が０歳で職場復帰した頃、保護者から学童の掃除が行き届いていないなどの指摘があった。気を抜いたら大変なことになると、インプットされている。入所児童や保護者だけでなく、パートや若い指導員のフォローもある。責任もやりがいも大きいけれど、勤務時間を減らしたいというのが、今の率直な思い。

7　「分からないならしょうがないねー」

自分の子どもが不登校になって、子どもの気持ちや理解の仕方は、大人が考えているよりも、ゆっくりなんだなーと思うようになった。以前は「なんで分からないんだろう」と思っていたけど、「分からないならしょうがないねー」って。「分からない状況なのね」って、そのままにゆっくり受け止めるようになったかな。子どもの理解の仕方って、本当に一人ひとり違う。だからこそ、子どもの声を聴いてほしい。

子育てに悩む保護者には、どうしたらいいか、一緒に考えていきたい。保護者の生きがい、やりがいも捨てないで、自分らしく生きてほしい。でも、子どもがここぞとサインを出しているときには、一緒に考えていける指導員でありたい。

ヒアリングを終えて

学童保育所は、家庭、学校とは別の役割を担う「放課後のおうち」と言われる。今回、「放課後のおうち」だからこそ見えてきた子どもと保護者の姿とともに、仕事と子育ての渦中で、自らの子ども観を深めていった軌跡も語ってもらった。

1　学童の原体験

時代状況に照らすと、なつみが生まれ育った七〇〜八〇年代は、遊び場が減少し、「子どもの体が蝕まれている」と警告が発せられた時代である。しかし、彼女は小学生の時、学童に通い、木登りなど色々な遊びの面白さを原体験として持っている。そのような学童の指導員にあこがれ、自らもその仕事に就く。一九九七年には学童が「放課後児童健全育成事業」として児童福祉法に位置付けられた。なつみは、父母と指導員が手弁当で学童をつくってきた時代を原体験に持ちつつ、学童をめぐる状況の変化を経験してきた。

2　保育・子育てをめぐる困難の当事者として

なつみは以前、自らの育児休暇や短時間勤務の取得に、学童の保護者から雇用者の立場で難色を示されたことがあった。同じ働く親でありながら溝が生じたことにショックを受けた。その経緯もあり、長女の不登校について、職場である学童の保護者にあまり伝えていなかったという。このように、彼女は指導員になりたいという夢を実現し、仕事の意義ややりがいを感じる一方、低い労働条件や家庭生活との両立の困難に、仕事を続けられるだろうかと不安を抱えている。子育てに悩む保護者と共に考えていきたいという言葉に、当事者ならではのリアリティが表れていた。

職業世界で自分のよさを発揮して生きていきたいと願いながら、それが困難な保護者の実情がある。それが反映するように、自分の言い分をなかなか言えず、「いい子」でいようと振舞ってしまう子どもたちの姿がある。なつみは、子どもと保護者のそのような姿を、自らの経験をくぐらせて受け止め、その背後にある社会の構造的矛盾と関わらせて理解している。そのような彼女だからこそ、社会の矛盾が子どもと保護者に現れた姿を語り得たのであろう。

3　指導員としての子ども理解
―子どもの言い分・もち味を引き出す―

なつみは、子どもどうしの様々な格差が、「私は知らない」という他者への無関心な態度とつながっているのではないかと捉えている。学校でイジメが減っているように見えるのも、イジメが起こる以前の、関係性そのものが希薄なのではないかと感じている。学童でのイジメやケンカは、むしろ子ども同士が自分の言い分を出し合う大切な機会であり、解決に時間がかかっても自分の言い分を主張できるようにと関わっている。

なつみは学童で子どもの六年間の育ちに関わる中で、子どもは「いたずら」と冒険の狭間を行き来しながら育つという子ども観を身につけた。ある子どもが、自動販売機の下に小銭を見つけたのをきっかけに、仲間と学区の自販機の地図をつくり、小銭を見つけると学童で貯金したという。この子はやんちゃな側面があったが、良い事と悪い事を自分で考え、低学年を引き連れ冒険し、まとめられるようになった。このような出来事に子どもの成長を捉え、うれしく感じられるのが、学童の指導員ならではの子ども理解と言えよう。

さらに彼女は、わが子の「分からなさ」に向き合う中で、子どもが物事を理解していく仕方は一人一人違うという考えに至る。これは、誰しも周囲の人・物・事と、主体的にその人なりのやり方で関係を取り結んでいる（理解しようとしている）ということであり、「分からない」とは、関係の取り結び方に矛盾や困難が生じていると捉えられないだろうか。そう考えると、「子どもの声を聴く」

とは、その子なりのやり方で周囲と関係を取り結んでいけるよう支援することと言えるのではないだろうか。

4　つながり合う道すじを求めて

発達障害のDくんと母親への支援では、保護者会が大きな支えになったという。父母共に大企業勤務や専門職で、子どもに大きな期待をかける家庭がある一方、Dくん親子のように複雑な事情を抱える家庭がある。それでも、同じ学童に子どもを預ける保護者どうし分かり合えるし、関われることはたくさんある。

今日、子どもも大人も、格差と分断が広がり、人間関係の希薄化が問題視されている。しかし、その状況を嘆いているだけでは何も前進しない。様々な困難を乗り越え、つながり合う道すじが、よく見ると私たちの暮らしや地域、職場に広がっている。なつみのエピソードは、子どもの発達と保護者の就労を支える「放課後のおうち」だからこそできる役割を発揮しながら、人と人をつなぐ地道な実践が展開されていることを示してくれたように感じた。

ヒアリング二〇一九年三月（文責　黒澤ひとみ）

第三章　子どもたちの話が聴きたくて

― 教師の声 ―

7　小学校の「今」

―子どもたちの姿、教師としての働き方―

小学校教員　晃
克典
沙枝

【ヒアリングⅠ】　晃（三十代　男性）

1　子どもたちの中にある格差

僕は一般企業で働きながら通信制大学で教員免許を取得し、二十代後半で小学校教員になった。間もなく教職生活も十年を迎える。現在勤めている二校目の小学校は、経済的に恵まれている家庭が多い地域にある。親が医者をしている子どもも珍しくない。その一方で、虐待により保護される子どももおり、家庭の教育力の格差は大きい。そのうえ学力格差も大きく、授業についていけない子は「お客様」状態で、やる気もみられない。この格差を意識しながら授業をしている。

2　じっとできない子

最近気になるのは、じっとできない子の存在である。少なくともクラスに二人はいる。たとえば、廊下をみんなで歩いている時に、ぴょんぴょん飛び跳ねていたり、くねくねしていたりする。教室でじっと座ることも苦手で、落ち着きがない。この子たちの生活をみると、家の中が散らかっていたり音や映像に常に囲まれていたり、静かな環境に身を置くことが少ないようだ。だから僕のクラスでは、一分間姿勢を整えて深呼吸をするというワークを朝の会に取り入れた。半年間続けて、かなり落ち着いてきたように感じている。

でも学校としては、落ち着きがない子どもにはまず発達障害を疑うという雰囲気を感じる。たとえば、初任の先生のクラスで「問題行動」が目立つ子どもについて、教頭が「あの子は何か発達障害をもっているということはないか」と、元担任の僕に聞いてきたことがあった。確かにこの子は行動に粗雑さはみられたが、クラスの中で居場所ができてからは落ち着いていた。僕としては、その子の生活環境に目を向けて働きかければ、もう少し何とかなるように思う。

3　同僚と授業の話がしたい

いつも朝六時過ぎには職員室で仕事をはじめ、部活動を終えた子どもたちが無事帰り着く夜七時頃までは学校から出られない。休日も、残った仕事をまとめて片付けるために出勤することがある。そうすると時間外労働は簡単に月八十時間の過労死ラインを越えてしまう。その度に管理職から「長時間勤務はいかん」と言われる。僕としては、学級通信を書いたり、国語プリントをまとめたり、好きでやっている仕事だから気にならない。むしろ、管理職から声をかけられることの方が悩ましい。

ただ職員室の中にはいつも多忙感がある。先生たちは、行事に振り回されて疲れているように見える。たとえば学芸会が近づけば、小道具や大道具、衣装はどうするか、その準備に追われるのだ。

だから先生たちと授業についての話はほとんどできない。それが寂しい。それでも最近、一人の同僚と「ごんぎつね」の授業の話をした。どんな発問をして、子どもたちがどう応えたか、お互いの授業の話ができたことがとても楽しかった。

4　研究テーマは上から下りてくる

僕の学校の研究テーマは、画一的で自由度があまりない。教育委員会レベルで決まっているテーマが下りてきて、学校のなかにスーッと入ってくる。研究主任は「そういうテーマでやればいいんですね。じゃあ、具体的には何をやろうか？」というスタンス。「本当にこのテーマでいいのだろうか？」と話し合うことはない。僕としては、子どもたちの格差を考えると、下りてくるテーマ自体に疑問を感じてしまう。

【ヒアリングⅡ】　克典（四十代　男性）

1　「問題行動」が多い学校

私が小学校の教員になったのは四十代になってからで、以前は民間企業で働いていた。現在二校目だが、初任校同様、子どもたちの「問題行動」が多く、ひとり親家庭の割合もかなり高い。教職に就いて十年近く、ほぼ高学年の担任であったが、今年初めて一年生をもっている。

2　怒られ続ける子

一年生は、入学当初、いろいろなことができない。ひらがなも書けないし、ランドセルを片付けることもできない。でも一年生だから、できないことが当たり前。イライラしたり怒ったりすることはなく、「こうするんだよ」と一つ一つやり方を教えている。

だが一年生の中にはきっと、教師から、できないことで怒られる子がいるだろうと思う。たとえば鉛筆を落とすたびに怒られる。とくに多動が目立つＡＤＨＤ系でパワーのある子は、周りの子たちが影響されてしまうから、怒られ続ける。できないことを怒られ続けた結果、その子はいじけたりあきらめたりするしかなく、心が曲がってしまう。私が高学年の担任として苦労してきた子どもたちは、そんな経験を重ねてきたのだろう。一年生を担任してはじめて気づいたことである。

もう一つ、子どもたちの姿は家庭の状況とリンクしているということにも気づいた。一年生だからこそ、はっきりとわかる。たとえば、ひとり親家庭の子どもたちは、明らかに、私のところに甘えにくる。忘れ物が目立つ子も多い。おそらく、親たちは、生活自体が精一杯で、子どもを十分見てあげることができないのだろう。だから、そんな子どもたちを怒る気にはなれない。

3　管理的な指導体制

学校全体としては、子どもたちに対して管理的である。たとえば、教室から移動するときは廊下の右側を静かに並んで歩くというルールがある。教室移動だけでなく、どこに行くときも守らせる。だから、朝会で体育館に入場する際、入り口に立つ先生は、「シー！」というジェスチャーをして待ち構えている。普通ならば、「おはようございます」とあいさつをする場面ではないだろうか。

こういった管理的な体制は、教員集団としては楽かもしれないが、子どもによっては窮屈に感じると思う。私は可能な範囲でフリーにしているが、私の学級だけルールを守らないわけにはいかない。

4　小学校は忙しくない

中学校は忙しそうだが、正直なところ、小学校は忙しくない。朝七時過ぎに学校に着いて、夕方五時には部活動を終えて、六時前に帰宅している。

私はもともと企業に勤めていたから、他の先生と比べて割り切りがいいのだと思う。企業では、もたもたやって百点をとるよりも、さっさとやって八十点をとる方が評価されるスピード重視の文化。だから自分の中で優先順位をつけて、割り切っている。たとえば、通知表の所見を書くことは優先順位の低い仕事。自分が親の立場でわが子の所見を見るときは、ちらっと見るだけだから。パソコンでプログラムを組んで、三十人分なら二時間で終わらせてしまう。

5　自分なりの授業や行事を創るために

その中で私がこだわっている仕事は、授業や行事の準備である。自主的な勉強会にも参加して、かなり力を入れている。だが周りの先生を見ていると、活気がない。勉強会に誘っても参加する先生は限られる。教材研究もあまりやらずに、与えられた感じで授業をしているように見える。一般企業では予算を獲らないと好きなことができないが、学校の先生なら好きなことができる。だから行事でも授業でも、もっとアイデアを出して取り組んだ方がいい。それが教師として力をつけることにもなる。

もう一つ、私がこだわっているのは、保護者と積極的に顔を合わせること。少しでも心配なことがあったらすぐ家庭訪問をしている。今は保護者同士がＬＩＮＥでつながっており、何かあれば、学校・教員を批判する一大勢力になってしまう。保護者と直接会うことで、仕事をやりやすい環境をつくるように努めている。

【ヒアリングⅢ】　沙枝（六十代　女性）

1　子どもも保護者も「消費者」に

短大卒業直後の四月、いきなり担任を任された。教育実習の経験しかない私のクラスだから子どもたちの落ち着きはなかったが、授業がはじまれば席に座り、教えるべきことは教えられた。五十年近く前、私が教職に就いたのはそんな時代だった。

でもこの頃、学校は大きく変わった。教室の中の子どもたちも、その保護者も、「消費者」になってしまった。子どもたちを上手にのせないと不機嫌になったり、不機嫌になったら勝手に教室から出て行ったり。そういう子どもたちが少なくない。

2　子どもの育つ環境が変わった

私が若い頃、学校には、当然子どもは登校するもの、という意識があった。学校に来ないということは考えられない。だから、「登校拒否」の子どもを何とか登校させようと動いていた。だがそういった学校の対応はよくないということが徐々に広がり、保護者とよく話し合い、家庭で過ごすことも認めていくように変わってきた。

最近の学校では、子どもが教室にいたくないときは、保健室や図書室で過ごすことを認めている。特別支援教育の支援員がその子の様子をときどき見に行き、そこでおとなしく過ごしていれば良しとされ、そこにいなければ教員が探し回ることになる。

昔から「落ち着きがない」と言われる子どもたちはいた。でも今、障害として診断されるようになり、必要に応じて薬を飲むようになり、保護者から「今日は薬で落ち着いています」「今日は薬を飲み忘れたから学校でちょっと暴れます」等々の連絡が学校に入るようになった。

昔も今も、子どもの本質はそれほど変わらない。しかし、子どもを取り巻く環境は大きく変わった。

3 忙しくなる一方

ふりかえれば、小学校は忙しくなる一方だった。

教育制度の変化として、教員免許更新制がはじまり、十年ごとに研修を受けなければならなくなった。さらに、教員評価が実施されるようになった。自分で目標を設定して自己評価し、それを管理職が評価する。自己評価の書類提出は毎年求められるため、意味がないと思いながらも、それを準備しなければならない。

教育環境の変化として、電子黒板やタブレット等が導入され、それを活用してICT教育をすることになった。私がもたもたしていると子どもに「こうすればいい」と言われ、先生としての信用度も落ちてしまう。

子どもにやらせること、たとえばプリント類も増えている。プリントが増えると、丸付けや点検をする仕事も増えることになる。さらに、学校行事も増え続けている。学校というところは、一回行事を企画すると、「子どもに良いことだから」ということで、それが毎年繰り返されることになる。

私が新任の頃は、親が「先生の言うことは聞きなさい」と言っていたが、最近は、面と向かって先生を批判する親もいるし、連絡帳で批判する親もいる。だから先生たちが、親や子どもに気を使っている。何かあればすぐに親に知らせて、管理職を含めて面談。そういう仕事も増えて、忙しくなっている。

それなのに、正規教員の数は増えない。その分を、講師や特別支援教育支援員、ALT（Assistant Language Teacher）、学校ボランティア等が担っている。

いろいろな人が入れ替わり立ち替わりしているため、職員室で見かけても「あの人、誰だった?」となることも度々である。

ヒアリングを終えて

三人の教師には、「子どもの実態」と「職場の実態」というテーマが事前に伝えられ、ご準備いただいた上でヒアリングを実施した。自分自身の教師としての実感や思いに加えて、各教師から見た同僚の姿やそれぞれの勤務校の状況も語られた。

年齢もキャリアも異なる三人であるが、共通して語られたことがある。一つは、発達障害のある子どもたちについて、もう一つは、小学校という職場での働き方についてである。

1 放置されがちな発達障害のある子どもたち

発達障害とは、自閉スペクトラム症（ＡＳＤ）、注意欠如・多動症（ＡＤＨＤ）、学習障害（ＬＤ）などである。その分類の基準や呼称は学術的に一致しているわけではないが、子育てのあり方を発達障害の原因とみなす説は否定されている。三人の語りから、このような理解が小学校教師たちの間で定着していることを読みとれた。「家庭でのしつけができていない」「親の愛情不足」という偏見は払しょくされつつあり、発達段階に沿わない無理な課題を強いるような指導やその保護者に対する非難等は聞かれなかった。むしろ教師たちは、音が溢れた環境で過ごす子ども（晃）や生活することで精いっぱいの母子家庭の子ども（克典）など、その子どもの背景―家庭や地域社会の中でどのように育ってきたのか、育っているのか―に目を向け、試行錯誤しながら自らの教育実践を創造していた。

一方、学校としては、子どもの「問題行動」を「発達障害」に由来するものと想定しがちである、と語られた（晃）。「問題行動」をその子の発達の問題に起因するとみなせば、学校のあり方に起因する問題は見えにくくなる。「障害だから仕方ない」という、いわば学校の〝言い訳〟として、「発達障害」という言葉が使われているようにも見える。

沙枝から語られたのも、発達障害のある子どもは、学校から逃げ出さなければ良しとされている現状だった。学校の中で保護されてはいるものの、この子の発達要求に応えるような働きかけは聞かれなかったのである。

本来であれば、この子の発達保障に向けて、教師集団を中心にこの子を取り巻く人々との共同作業が必要となるはずである。だが、「あの人、誰だった?」（沙枝）という状態の多忙極める職員室では、そのような連携・協力は難しい。抜本的な教職員定数増や小規模学級化といった、学校のあり方そのものの問い直しが求められている。

2　教師の主体性を発揮できる職場へ

現在、文部科学省は、学校現場の負担軽減のための「働き方改革」を推進している。「〃子供のためであればどんな長時間勤務も良しとする〃という働き方の中で、教師が疲弊していくのであれば、それは〃子供のため〃にはならない」（中教審答申、二〇一九年一月）、ましてや「志ある教師の過労死等の事態は決してあってはならない」（同）ことから、教師の勤務時間管理の徹底を推進するという。

三人の教師が共通して語ったのも、やはり「職場の忙しさ」についてであった。だがその語られ方は、一様ではない。「忙しくなる一方だった」と振り返る語りもあるが、「忙しくない」、「長時間勤務を注意されることが悩ましい」という語りもある。当の教師たちが、勤務時間管理の徹底を歓迎するとは限らないようである。

では教師たちは、自らの働き方について何に不安や不満を感じているのであろうか。ネガティブに語られたのは、次のような仕事であった。教育条理に程遠いと自覚しつつ形式的な目標を設定せざるをえず、その達成度を管理職に評価される（沙枝）。目の前の子どもにはふさわしくないと感じながらも教育委員会から下りてきた研究テーマに取り組まされる（晃）。ＳＮＳの中で「消費者」として組織化された一部の保護者の声に振り回される

（克典）。教育実践を自ら創造する教師でありたい、あるべきと願いながらも、「上」や「消費者」によって指示された仕事はやらされる。やらされる仕事が多ければ、排除されがちな子どもや保護者に十分かかわることができない後ろめたさは残る。一人ひとりの教師が抱いている思いや願いと、学校という組織としてやらざるを得ない仕事との隔たりが大きければ、教師たちが希望をもてなくなるのも当然である。教師たちの働き方への不安・不満の背後には、自己矛盾をきたす、教師としての主体性を十分発揮できない職場の環境がある。

一方で、ポジティブに語られたのは、次のような仕事である。晃は、同僚と「ごんぎつね」の授業の話をしたことを楽しそうに語った。子どものことばや表情からその子の心の動きを感じとり、そこにその子の成長を見いだし、同僚教師と共有していくことに、教師としてのやりがいを感じていた。克典は、自分の「好きなこと」を生かした教育実践をつくることに意欲をみせ、それが教師としての力量形成につながっていると語った。このように教師の生きがいや喜びは、教育の専門職として主体性を発揮し、子どもたちとの応答的関係の中で、自分自身の教育実践をつくりあげていくことにある。

学校における「働き方改革」に求められるのは、教師たちの長時間労働の縮小という「仕事の量」の見直しのみではない。当の教師たちにとっては、専門職としての主体性を発揮できる「仕事の質」の見直しこそ喫緊の課題である。

ヒアリング二〇一七年十一月　（文責　首藤貴子）

8　パワハラの嵐の中で

―障害のある子と触れあって―

中学校教員　洋一

1　新任に突然パワハラ

私は現在人生半ばで、公立学校の教員をしている。二十二歳で大学を卒業し、公立中学校の教員になった。病気をしたこともなく健康そのもので、夢であった学校の先生になることができ喜びに溢れていた。

新任の年から担任を持たせてもらい、委員会は放送委員会の副担当、運動部活の副顧問にもなった。初任者研修（初任研）もある中で私の教育活動は順調に進んでいた。

しかし、職場は同僚の間で「お前、副主任の仕事をやっていないだろう」などと、教員同士で注意し合うのではなく悪口を言い合うような雰囲気であった。

九月のある日、体育大会のリハーサルがあった。その日、私は初任研で学校にはいなかった。初任研が終わり帰宅した夜、同学年担任のA教諭から「今から学校へ来い」と呼び出しがあった。学校へ行くとAは、「放送委員会はリハーサルでこっちが思うように動かなかった」「放送委員会の子どもたちにどんな指導をしたんだ」「きちんと指導できないのか、あほっ！」「それでよく教員をやっていられるな」と、みんなの前で私に悪口雑言を投げつけてきた。放送委員会の主担当の教員はすでに退勤しており、呼び出した私にのみ攻撃の矛先を向けていた。教員歴十年のベテランと言われる彼から怒鳴られ、私は恐怖を感じた。

さらに秋の社会見学では、駅頭で生徒たちの前にもかかわらず私に向かって訳も分からず怒鳴り散らし、衆目にさらされ、恐怖と羞恥心で心が折れそうであった。その後も何かと言いがかりをつけては口汚くののしった。

翌年は二年生の担任になった。Aも二年生の担任となり、私は林間学校の係として計画を立てた。六月のある日、その計画立案の段階で彼の意に沿わなかったのか、職員室で「お前は何をやってるんだ。こんな計画も立てられんのか」と罵声を浴びせられた。前年の恐怖体験もあり、私は頭の中が真っ白になり、耐えられなくなってその場を逃れたくなり、職員室を飛び出した。もうどうなってもいいと思った。校門を出ようとしたところで養護教諭に呼び止められ、保健室に連れて行かれ、夕方までそこで過ごした。その後は出勤できず、病院で「うつ病」と診断され、医師から「出勤すべきではない」と言われ、投薬を受け療養休暇に入った。

2　何度もフラッシュバックする

数年間、療養休暇をとり、春に職場復帰した。Ａはいたが校長から「我慢してくれ」と言われた。Ａと同じ委員会や部活の担当にならないように配慮してもらった。そして学校の中でＡと遭わないよう気を配ったが、全く遭わないというわけにはいかず、顔をあわせるだけで恐怖感が走り背筋が凍りつく感じがした。そんなことがあって、辛い時は薄暗い更衣室の中で一人きりで座って過ごして気持ちを落ち着かせた。

翌年、ようやく異動ができ、Ａと顔を合わせることがなくなった。異動先の中学校では通常学級の授業を担当し、副担任になった。その中学校の三年目の途中、産休にはいる担任に代わり、学期途中で二年生の担任になった。翌年からは通常学級の担任を続けた。

二年目の担任の時、体験学習係となって計画を立てたが上手くいかず、みんなの前で同僚に怒鳴られたことでフラッシュバックし、療養休暇をとった。その後、私の病状のことで校長にお願いに行ったとき、校長からなじられ、再度フラッシュバックし、出勤できなくなった。そこから数年間療養休暇を取った。

3　転機

療養休暇の間には、気分転換にときどき魚釣りに行って自分の気持ちを落ち着かせた。その間に魚釣りで知り合った方と親しくなり、少しずつ気持ちが解放されていった。療養休暇が終わったらもう教師を辞めようかなと考えていたが、二年後に職場復帰した時の新しい校長は私の病気についてよく理解してくれ、私の所属した学年のB教諭も理解してくれ、何かと配慮してくれた。そのおかげで、私は自分の居場所を得たと感じた。落ち着いた気持ちで次の中学校へ異動した。そしてそこで特別支援学級の担任になった。通常学級の子どもたちと関わってきた今までも、子どもとはトラブったことはなかったが、とりわけ特別支援学級の子どもたちとの交わりは、その素直さで私まで優しい気持ちにしてくれた。

4　特別支援学級の子たちと

前述したように、教員になって十数年経ち、初めて特別支援学級の担任になった。その後も異動した学校で特別支援学級の担任になった。現在の学校は私の病気にも理解があって、とても楽しく過ごすことができる。同僚は能力主義的な考えがあるようで、子どもたちが特別支援学校の高等部へ行くために、職業訓練をしに学校へ来ているように考えている。だが私は、学びというのは「必要だからここまで来い」というのではなく、子どもの実態からスタートすべきだと考える。

このように同僚とは考え方が違うこともあるが、それでののしり合ったりいがみ合ったりすることはなく、意見を交換しながら友好的にやっている。

私は学級の子どもたちを連れてハイキングに行ったり、野草を摘んで名前を調べたり、調理実習をしたりしている。また入学してきた子たちに名刺づくりをさせ、名刺のおもては社会に出たら使用できるもの、裏には好きなことを書いてもいいようにさせている。みんなとても楽しく取り組んでいる。

教育とは十人十色で、十人いたら十通りの指導が必要だと思っている。そして子どもたちにとって学校は安心できる空間であることが一番大事だと考えている。

ヒアリングを終えて

1　パワハラは許されない

パワハラは、人の尊厳を傷つけ人格を破壊しかねない許しがたい行為である。

二〇一五年第七〇回国連総会で採択された「持続可能な開発のための二〇三〇アジェンダ」（ＳＤＧｓ）の宣言の中で「誰一人取り残さない」として「人々の尊厳は基本的なものであるとの認識の下に、目標とターゲットがすべての国、すべての人々及び社会のすべての部分で満たされることを望む。そして我々は、最も遅れているところに第一に手を伸ばすべく努力する」（外務省仮訳）としている。

ところが日本では、二〇一九年に「労働施策総合推進法」が改正されたが、ハラスメント行為を直接禁止したり、罰則を与えるなど制裁したりする規定はない。これは経団連など経済界が規制に反対したため、政府が経済界に配慮したと言われている。

国際労働機関（ＩＬＯ）においては「一人も置き去りにしない」を合い言葉に条約作りが行われ、二〇一九年、年次総会で暴力とハラスメントを禁止する条約が採択された。条約はハラスメントの定義を、「身体的、心理的、性的、経済的被害を引き起こす、または引き起こしかねない、様々な受け入れがたい振る舞いや慣行」としている。

この条約採択においては、各国、政府が二票、労働者（連合）一票、使用者（経団連）一票、計四票を持つ。日本は政府、連合は賛成したが、使用者である経団連は棄権した。現時点では、条約と国内法の乖離が大きく批准は簡単ではないが、ハラスメントの人格に与える影響の大きさ、理不尽さを重大視し、国内法を条約の水準に引き上げ、早期に批准させる運動を進めることが求められる。

2　病気や障害に対する態度

ヒアリング対象者である洋一は、ハラスメントによって「うつ病」になりながらも何度かそれを克服しようとしている。しかし、病気に対する理解のない職場や同僚に遭遇する度にフラッシュバックを起こしている。

筆者はかつて特別支援学級の担任をしていた。その小学校の校長は、「他人（ひと）から愛される障害者になれ」と言って、筆者と対立したことがあった。すなわち障害者が他者と対立するような自己主張をすることは生意気だ、許されない、社会的弱者は「弱者らしく振る舞い」同情されるようにしなさい、文句を言うことなどまかりならんということである。この考え方は、健常者の間に少なからずある。

ある大学でうつ病になった教員がいた。彼の授業のコマ数を減らしたり、ときどき長期休暇を認めていた。その彼に対してある若い教員が「自分勝手すぎる。他人の迷惑も考えなくて、言いたいことを言って」「病人だったら病人らしくするべきだ」と非難し、「休むのが当たり前の権利のように言って、自分に有利な休み方をする」と憤ってみせた。筆者は「働くものが自分に少しでも有利な方法を考えるのは当然のことではないですか。病人だから黙って言われるままにしろというのはおかしくないですか」と問題を投げかけたが理解してもらえなかった。

一番弱い立場の者の権利が保障され大切にされる社会が、誰もが大切にされる社会である。そういう社会にするには、どの子も発達する権利が保障される学校にしなければならないのは自明の理ではないか。

3　受容的な職場を

洋一は「教育とは十人十色で、十人いたら十通りの指導が必要だと思っている」と語っていたが、それは自分を含む職員集団の在り方についての理想をも述べているのである。

意見の違いなどがあっても、子どもを真ん中においた教育活動を行っていく、そこで合意する教職員集団をつくっていかなければならない。ところが愛知の小中学校は、特定の大学出身者によって管理職（教委の指導主事や教育長を含めて）の多くは占められている。そのことは、その大学出身者同士の出世競争をも激しいものにしている。筆者が経験した一例を挙げてみよう。研究指定校の研究主任をしていた教員が失敗をして研究主任を降ろされたとき、同年代の同じ大学出身者が、「よし、これでアイツは（出世が）一年遅れる」と喜んだ。出世を目指す者は職場集団の中でつねに自分を優位に立たせるため、競争相手を引きずり下ろすことに腐心することになる。他人の失敗を喜び、足を引っ張り合うような職場では、生徒指導上の問題や悩みを出し合ってお互いを高めることはできない。パワハラや排除、出世競争をなくし、受容的な職場をつくる大きな条件の一つは、愛知の教育現場から特定の大学出身者の支配をなくすることである。

4　子ども・保護者・教師が共に育つ学校

洋一はまた、「子どもたちにとって学校は安心できる空間であることが一番大事だと考えている」と語っていた。子どもたちが安心して生活できる学校であれば、保護者も安心して子どもを学校に任せられる。

話を聞いて、筆者がかつて担任していた特別支援学級を思い出した。となりの小学校の特別支援学級に入学した女の子の両親は、校長、教頭にたびたび呼び出され、「あなた方の子どもは、できないことが多すぎる。だから特別支援学校へ転校しなさい」と迫られた。耐えきれなくなった両親は、筆者の勤務する学校へ転校するために転居し、二年生から五年間私の学級に在籍した。その子が卒業する時、両親は手紙を書いてきた。手紙の中で「娘がここまで成長できたのは、五年間、いつもありのままの子どもを大きな心でゆったりと受け止めて導いてくださり、親子共々居場所を作ってくださり、安心と幸せをいっぱいくださった先生方のおかげと、感謝の気持ちでいっぱいです」と述べ、さらに「同じような立場の子どもたちが、娘と同じように幸せいっぱいに卒業を迎えられることを願っています」と述べていた。

それを読んだ私たち教職員も心がほっこりしてきた。ひとりの子の発達を全教職員があたたかく見守り、確かめ合ってきたつもりだったが、実はこの親子によって教職員が育てられていたのであった。

ヒアリング二〇一九年三月　（文責　早川教示）

9　教師の生きがい

―生徒の話を聴きたくて教員になった―

高校教員　　豊

1　教職に就いて

私は大学を出てすぐに教員採用が決まり、現在、公立高校の教員として教職三年目である。一年目が一年生の副担任、二年目が一年生の担任、今年三年目が二年生の担任になっている。勤務校は一学年八クラスの規模の高校で、進学者は多いがそう高い比率ではない。私は英語科を担当し、校務分掌は総務部でＰＴＡの仕事をしている。部活は一年目が野球部と英会話クラブ、二年目が柔道と英会話、三年目が柔道部だけである。運動系顧問をやっているが、野球も柔道も素人だ。五十人の教員で二十の部活動があるのでどれかを担当せざるを得ない。

教員を目指したのは大学に入って二年目頃からだった。英語が勉強したくて外国語学部に入って、教職課程があったので、まぁ教員免許を取っておこうかという気持ちだった。教職課程の教授が良い方で、こうなれればいいなと思った。

私は、英語を教えるのも大事にしているが、生徒の話を聴きたくて教員になったので、できるだけ生徒が声をかけやすいように、かれらとつながるようにしている。その背景には、大学で教職課程を履修したときのその担当教授（前述）の影響がある。その先生は話し方の手法も示唆してくれた。こちらから口出ししないで最後まで相手の話を聴くことが大事だとおっしゃった。

2　生徒たちと向き合ってきて

この高校の生徒たちは無茶苦茶できるわけでもないが何もできないわけでもない。ある程度はできるけど、生徒に全部任せると、例えば文化祭で何をやりたいのかわからなくなってしまう。だから、ある程度教員が手を差し出してあげないといけない。かれらは、中学校時代にリーダーシップをあまりとってこなかったようである。ただ、自分の思いを文章にする場合には、例えば「この一年間を振り返ってみよう」というと、かなり中身のあることを書ける生徒もまあまあいる。が、全く書けない生徒も一割くらいいいる。

生活面では、アルバイト禁止なのでしている生徒はいないが、生活の厳しい子はいる。どうしても厳しい状態の生徒には特別にアルバイトを許可している例もある。そのような生徒は学年でごく少数である。経済面だけでなく家庭環境で見ると、母子家庭の生徒もまあまあいるし父子家庭もいる。

目立つのは、親と仲良くいっていないとか、虐待もあることだ。それは父親から母親への暴力でそれを生徒が見ている。言葉や態度での精神的な影響はその生徒にも向けられている。複雑な背景があって、裁判所によって母親と生徒との面会交流が制限されていて、学校に母親が電話してくる例も学年に一件か二件ある。

3　困難な発達課題を抱える生徒と出会って

虐待を受けている生徒のことを知ったのは、ある女子生徒が私に打ち明けてくれたからだ。この生徒の件ではご近所の方が児童相談所(以下、児相)に通報し、そこで児相が動いてくれた。この生徒自身、一回殴られたり、「お前は何をやってもだめだ」「大学に行くならもっとレベルの高いところに行け」などの攻撃的・否定的な言葉をぶつけられたりしたという。私たちは児相と連絡を取りながらその生徒の支援を模索した。その後父親の出入りなどいろいろとあったが、いまは父親も家族と一緒に暮らしており、落ち着いている。

その生徒はよくぞ私に打ち明けてくれたと今でも思う。この虐待被害の子に関しては、教員など目上の人を信頼しているように見えたので、「先生に話しに行ってみよう」と考えたのだと思う。私がしっかりと聴くことにして、別室で教員二人か、学年主任が同席するなりして対応した。ちなみに、異性の生徒と対話するときにはドアを開けておこなうように学校から指示が出ている。

4　不登校の生徒の相談を受けて

以下に話す二人の生徒は、私の担任クラスではないが、あることがきっかけでよく話すようになり、相談に乗ってきた。

一年生の六月頃、文化祭で美術部の展示にとりくんでいた生徒A子が、別の生徒から私のことを聞いていたらしく、私に声をかけてきた。廊下を通るたびにA子とよく話した。そのA子から、九月、別室で話を聴いた。ストレスが大きいという。そのクラスは、授業の騒がしさが目立ち、立ち歩く・しゃべるなどの困難さが出ていた。担任は四十代後半の教員（男性）だが、生徒からの信頼がなかった。そのいきさつは詳しくはわからない。伝聞だが、彼の父の介護も負担だったかもしれない。その担任が「クラスがよくないんだわぁ」と、A子に愚痴をいう。

A子は、学力はそこそこの成績だがまじめで、授業もよく受けて勉強も頑張る。おとなしい子で、絵を描くのが好きで、まさに美術部という感じである。両親は仕事を持っており、家には殆どいない。きょうだいは妹が一人だが、仲が良い。A子は小中学校時代には不登校はなかった。

A子はよくしゃべるタイプのB子と親しいが、そのB子が家庭や友人関係などの自分のストレスをA子にぶつけてきたという。B子は母子家庭で、発達系の何かトラブルを抱えている。B子も同じクラスだから、A子と同じように担任のことを私に話したこともある。

担任からもB子からも愚痴をぶつけられるうちに嫌になってA子は、一年生の冬から学校に来られなくなった。A子にも発達障害の可能性があった。一年の冬に、診察を受けて適応障害とされた。

A子は不登校を続けていたが、二年生の一二月、こっそり学校に来て、話を聴いてほしいというので会って聴いた。その後どうにか留年しないで乗り越えた。

あの愚痴をぶつけていた先生は転勤し、別の女性の担任となったが、この担任はA子に対して、欠席を厳しくカウントして「学校に来なさい」の対応であった。A子はつらかった。三年になったときの担任は年配者で、ほんわかした雰囲気の教員だった。ややルーズな対応もあり、欠席チェックもあいまいであった。それがよかったのか、A子は無事卒業していった。来年受験する予定でいる。B子は、家庭の事情もあって私学のみ受験し不合格となって、いま浪人中である。

5　不登校の実態や生徒どうしの関係性

私の勤める高校では、不登校の実態としては一学年に四〜五人はいる。学年が進むほどに増えていき、三年生が多い（六〜七人）。来たり来なかったりするタイプと長期化するタイプと半々ぐらい。その中で自主退学していく者もいる。三年生で五〜六人いて、不登校の生徒が辞めていく。校内に不登校対策会議はない。各学年で対応する仕組みになっている。進路としては私立大学へ進み、国公立は十人前後で、就職する者もいる。

いまの生徒の傾向として「話を聴いてほしい」というのが強くあるように思う。友人関係のことが殆どで、SNSのトラブルも含まれる。全体的に幼い感じで、中学の時のトラブルを持ち出したりする。高校ではスマホは禁止にしている。生徒たちはひとりで過ごす傾向にあり、人と群れない。

6　教員の同僚性や「働き方改革」をめぐって

教員の残業が多いため、教頭が午後八時ごろに「帰りましょう」と声をかける。五十人中十人くらいが残って仕事をしている。月ごとに残業を記録（ＰＣに出退勤時刻を入力）し、八十時間を超えると校長に呼び出される。「家でやれ」と校長が言うため、持ち帰り残業になることもある。

部活では、野球部やバスケット部は毎日曜日も練習していて、顧問は休みがない。土日に四時間を超えると、特別勤務手当が出る。Ａ子に愚痴をこぼした担任も、理数系の教科と共に女子バレーの顧問で、夜の九時、十時まで校内に居た。全体としては、部活が好きな先生の発言力が強いので、状況はあまり変わらない。

特別支援教育では年一回研修があり、学年での話し合いを週に一回おこなって、そこで話題になる。そこにはスクールカウンセラーは入っていないし、養護教論も入っていない。正規教員の養護教諭は、生徒にきびしい態度で、少々のことでは保健室に入らせない。そのため、「つらかったら保健室へ」はできないから、私たちの間では「保健室は使えない」と言っている。

非常勤講師の養護教諭はやさしいタイプだったが、辞めてしまった。三人目が今来ている。

ヒアリングを終えて

1　高校の特別支援教育の体制

ヒアリングに参加した数名の共通の印象として、豊は、福祉職の専門家のような感じであった。それほど、いわゆる指導者のイメージよりは、柔らかな雰囲気だった。生徒の話を最後までじっと聴いているのが納得できる雰囲気を豊は持っていた。

その半面、高校の特別支援教育体制との関係で見ると、豊の勤める高校も含めてまだまだ課題は残されている。関連する主題なのでここで全国的な状況を見ておきたい。

発達障害等の困難のある中学校卒業者の割合が二・九%で、そのうち約七六%が高等学校に進学している。進学した発達障害等困難のある生徒の割合は、全日制で一・八%、定時制で一四・一%、通信制で一五・七%である。学科別では普通科で二・〇%、専門学科で二・六%、総合学科で三・六%である（以上はいずれも文部科学省の二〇〇八年度調査結果から。出所：文部科学省「高等学校における特別支援教育の現状と課題について」二〇一五年）。

公立高等学校における発達障害等の困難のある生徒への対応の体制は、直近の二〇一四年度で、校内委員会整備が九九・五%、実態把握が九〇・三%、コーディネーター配置は一〇〇%であるのに対して、研修は七〇・四%にとどまり、個別の指導計画は該当者のある高校で七〇・九%、個別の教育支援計画も同じく六二・四%、専門家チームの配置となると該当者の有無に関係なく全体の三三・三%という状況である（同前）。

さらに、発達障害等の特別な支援を要する生徒への支援を担う特別支援員等の配置は、「財源の確保が厳しい」「適切な人材が不足している」「支援員等に対するニーズが少ない」などの理由で全国的にもあまり進んでいない（同前）。このことも含めて愛知県の今後の改善が求められる。ただし、豊の高校では学年会を定期的におこなって、そこで生徒の発達課題についての支援が可能な範囲で考慮されている点は、今後も継続していただきたい。

2　保健室・養護教諭のあり方

次に、不登校傾向の生徒に対する高校の実態との関わりで、保健室及び養護教諭のあり方に触れておきたい。豊の話で気になったのは、比較的生徒支援に関心の高いと思われる教師の間で「保健室は使えない」と言われていることだ。つまり、不登校気味の生徒が教室に居づらくなって保健室に行っても同校の養護教諭は「どうするの、居るの？（教室に）帰るの？」と本人を問い詰めてしまうのである。これでは、居場所の選択肢として「つらかったら保健室に行く」とはならないし、なれない。その意味で「使えない」と言っているのである。

同校では、養護教諭は二人体制だが、非常勤の養護教諭が勤務のつらさから辞めた。後任は、育休でしばらく離れていた方が復帰して、この教諭のソフトな接し方に前述の正規の養護教諭の態度も最近は変わってきたらしい。

いずれにせよ、高等学校における養護教諭は、保健室にやってくる生徒の受容にあたって、もっと幅広く受け止める見識と許容性、十代の心理の複雑さに対する深い理解力を身に付けてほしい。事は不登校対応だけではない。筆者が前に読んだ、高校養護教諭による研究的な単著では、保健室での女子生徒との対話から「援助交際」をしていることがわかり、その生徒への援助をどうしていくかで悩みながらも、しっかりとした視点で関わったという主旨の報告に出合ったが、先の例のように追い返すやり方では、そうした生徒個人のリスキーな問題も見逃されてしまう。豊の福祉職的な感覚と共感的対応でA子たちは救われたが、そういう教諭が居ればいいということではなく、配属される養護教諭としての独自性と専門性があるのだから、その役割をしっかりと果たしていく必要があるのではないか。

3　生徒の幼さについて

別の視点で、豊は「生徒の幼さ」を話したが、これは同校だけのことではなく、多くの高校でも見られる傾向と思われる。大学一年生の状態からもある程度それがうかがえる。

背景の一つには、幼児期から「のびのびと」という表向きの「自由さ」の裏で、将来の競争に打ち勝つための細々としたことはいつも親が先回りして枠づけられて育ってきたことがある。

幼児期から学童期の本来の自由とは、遊びの中でイマジネーションを通して創造性を伸ばしたり、自分たちでルールを作っては壊しながら集団を自分たちが動かす体験を持ったり、物事に対して「わたしはこうだから、こうしたい」と、自分の考えが持てたりすることを言うのではないだろうか。行きつ戻りつしながら、そうした精神的な自律性を自分の経験から学べる自由こそ、子ども・若者にとってきわめて重要な発達のテーマなのである。

4　高校教員の役割

「生徒の話が聴きたくて教員になった」というだけあって、豊は、直観的に、生徒の「自分探し」あるいは「自分との出会い直し」の自由精神をていねいに引き出していこうとしているように感じられた。思春期から青年期というやや険しい峠道を歩む若い旅人である高校生たちには、信頼のおける教員の姿である。

この聴き取りを通して、改めて高校教員の役割について考えさせられた。

ある高校教員の実践レポートに登場するＫ（高１）

は、中学校時代につらい体験があり「もう二度とあの時のような自分に戻りたくない」という思いからクラス内の「カースト」を意識し、「トップに上りつめようという気持ち」で積極的に行動するが、うまくいかず苦しんだ。

Kの言動は、過去体験から抜け出し自分を取り戻す「脱学習」要求を抱える姿で、高校生としてはよくある。Kは、仲間を気遣いながら付き合うため、LINEも細かく確認する。その結果、イライラして家庭でも暴言を吐くようになった。何が彼の自立の課題なのか。一つには、Kのような「脱学習」要求はクラスの誰にもあり、それは高校生として真っ当な姿であり、引け目に感じることはないと知ること。二つめに、「カースト」意識は作り物とわかるような学びの体験を教科学習や教科外の自主活動や行事等の中でどうつくりだすか、という学びの探求がある。

今までの自分を変えたい・超えたい・脱したいという関係性の意味を本人と共に読み開く高校教員が、例えば、豊のような「聴き手」役の教員である。自己否定に走りがちな生徒の「脱学習」願望を受け止め、虚構の関係性を追う見方から本人を目覚めさせ、自分の個性を深めることに気づかせる。それが教員なのである。

ヒアリング二〇一九年三月（文責　折出健二）

第四章　心が元気になってくれればいい

― 不登校 ―

10　心が元気になってくればいい

― 息子は私と違う人格 ―

不登校児の母　紀子

1　やっと今語ることができる

三人目の誠が生まれてしばらくして、少しずつ不安感が押し寄せてきた。目と目が合わない。しっかりつかまらない。食べるものが偏っている。感覚過敏も気になる。どうも上の子たちとは違った。三歳児健診で自閉スペクトラム症と診断され、それ以降通院をしている。今、中学一年生。大好きなバレーボールの部活に通い、友達関係も良好で、好きな歴史について調べ、電車に乗って史跡めぐりを楽しんでいる。誠は私とは違う人格だけど、それでいい。私の範疇を超えているが、心が元気になってくれればいいと思う。しかし、ここまでの道のりは大変だった。

2　先行きが見えない小学入学時

幼児期は新しい場所が苦手で、私にしがみついていた。家族で出かけることも困難を極め、店に着いたとたん、走って逃げたことがある。保育園では補助の先生がつき、行事などは苦手だった。園を一度、脱走した。小学校入学時に、学校からの助言があった。通常学級に籍を置くと、途中から特別支援学級に入級は難しいため、最初から特別支援学級に在籍し、通常学級と自由に行き来したらどうかというものだった。迷いはしたが、結局、特別支援学級を選んだ。

ところが入学早々行き渋りがあり、五月に通常学級の担任から「このままでは出席日数不足です。学校での原因は思いあたらないので、お家の方で登校をがんばらせてください」と言われた。まるで私の対応が悪いかのように感じた。そのため、誠が泣いても引っ張って学校へ連れて行き、誠が頻尿になってしまった。通院したが、悪いところはないと医師に言われた。かかりつけの小児クリニックの療育担当の先生から、「『学校は行くものだ』と子どもに伝えて」と言われ、途方に暮れたが、なんとか言って聞かせた。

無理にでも行かせていた時に、誠が、担任から「あなたは特別支援の学級の子なので、そこの教室へ行って、あいさつをしてからこちらに来なさい」と言われた。誠はそういった事情を理解することができず、嫌がった。担任に、やめてほしいと依頼したが、受け入れてもらえなかった。

七月に、誠が学校から脱走しようとした。迎えに行くと、何人もの先生に取り押さえられていた。それを見た時、登校させる気力を失くし、無理に学校に連れていくことをやめた。夏休みに、特別支援の先生と、教務主任、養護教諭、クリニックの先生とで話し合いをもった。クリニックの先生が、「誠さんが傷ついているので担任との接触は避けて」と言ってくれた。この発言の影響が大きかった。

3　子どもの意志を大事にした中学年

三、四年は特別支援学級も通常学級も新しい先生で、再度、誠の状態を説明しなければならなかった。

無理に登校させずに誠のその日の気持ちを大事にしていった。保健室登校ができたらシールを貼って帰る生活が続いた。社会見学などの行事には参加した。ベテランの女性の担任は、自信と余裕のなさからか、とても怖い顔で誠に対応していたので、私が間をとりもつことに心を砕いた。しばらく経った時、誠は笑ったり、活動に参加できたりして、担任にも笑顔が出てきた。

4　動き出した学校

新しく赴任した教頭に事情を話すことができ、環境が一変した。五年の通常学級の担任と、特別支援学級の担任に誠を理解してもらうことができた。

二人の担任とあいさつをし、どちらにも自由に行き来してよいことになった。支援学級の先生は、支援学級の担任になることは初めてであったが、誠に本を借りてくれたり、手紙を書いてくれたりした。そんなことが続き、少しずつ息子との距離を縮めていった。

林間学習にむけての活動には参加できるようになった。林間学習に参加できたことで自信になった。

六年になり、家庭科の授業で、修学旅行に持参するナップサックを作った。その授業は親にミシンの使い方のボランティアを呼びかけていたため、息子と一緒に教室に入ることができ、修学旅行も行くことができた。

十月に入り、学習発表会では歴史のことを調べて発表することになった。歴史は大好きなので、パソコンで調べ、メモし、発表した。書くことが苦手で、一年生の時に、ひらがなを習う授業も受けられなかった。「誠の字は読めないよ」とみんなから言われても、気にすることなく歴史のまとめを書くことに没頭していた。

卒業アルバムの写真を撮ることになった。そこでも教室内で写真を撮ることができた。本人は、「なんてことはなかった」とのことであった。

そして、一ヶ月かけ、小学校生活の一年生から六年生までの「楽しかったこと」を卒業文集に書いた。

5　学校が特別なニーズに応じた対応に変わる

中学は登校できるかどうか、不安があったが、まず制服を購入した。小学校からも中学校からも、何度も進学する中学校に見学をと要望された。しかし、息子に「自分だけ特別に見に行くことは嫌だ」と言われていたので行かなかった。

そして、一対一で、息子に、自閉スペクトラム症の説明をした。本人の努力不足ではなく、特性、状態なのだと。

進路説明会が中学校で行われた。例年、部活見学などをしていたが、今年になって、初めて授業風景を見せてくれた。中学の入学式では、普通に入学し、教科担任が代わってもみんなの先生が息子の状態を理解してくれた。避難訓練などいつもと違った授業に誠が緊張していると考え、学年主任が、おどけてみせた。誠は、「笑いをこらえることが大変だった」と嬉しそうに語ってくれた。今は、登校をしている。

ヒアリングを終えて

1　子どもには子どもの人格が

今回のヒアリングは、特別なニーズをもつ子の対応について、貴重な提起がなされている。

誠が小学二年生の時、「お母さんはぼくのことをちっともわかってくれない」と、言ったそうである。

子どもには自ら形成しつつある人格があり、自分の範疇にはありえない言動であるが、「そうか。そんなふうに考えるんだ」と受け止めることにしたと、母の紀子が語った。まさに誠が全身で親も学校も変えていこうとしている。そんなエネルギーを感じた。

2　個人に必要とされる合理的配慮

何人もの子どもたちを育ててきたベテラン教師たちが出会ったことのない「子ども」が誠であった。それでも、教師たちはこの子はいったい何を考えているのだろう、この子にはどんな支援が必要なのかと試行錯誤を重ねて、あれこれ柔軟に考えている。そして、誠を想定に入れて、慣例を破り、進学説明会で部活見学から授業見学に切り替えている。誠が通った小学校では、特別支援学級の数が多くなった。近隣の学区からの特別支援学級への転入も多いと聞く。理解ある手厚い指導は、障害児を抱える親にとっては、転居してでも居場所を確保したいものである。

障害者の権利に関する条約「第二十四条　教育」において、「個人に必要とされる合理的配慮が提供されること」と義務付けられている。そのことが誠の学校では実行されている。

3　「登校すべき」の声かけは必要な手立て

「学校に行くこと」は、選択肢の一つであるという考えは一方で大切である。だが、誠のケースでは「こうするもの」という声かけが登校の改善になっている。学校を脱走したが、療育担当者は「学校は行くものと教えて」と紀子に要求した。ソーシャルスキルトレーニングのように、朝は人に会ったら「おはよう」と言い、体が触れたら「ごめんなさい」といったような一連のものとして教えなさいと言った。強圧的ではなく、本人の気持ちを大事にし、ゆっくりと納得するまで行われた。だからこそ今、友達関係をつくり、登校ができているのであろう。

小学二年で集団生活になじめず、登校させることをあきらめ、家で引き受けて、小四になったA男の相談を受けたことがある。気持ちのままに動き回っているA男は、この母のように、「こうしたら」という働きかけをしていたら違っていたのではと考える。

4　学びが意味あるものに

家庭科でナップサックづくりをしている。ミシンを使う授業は一人一人の進度がまちまちで、指導が困難である。先生は、「親のボランティア」を募って授業を進めていた。誠はここで、安心して母親と一緒に家庭科の授業に入ることができた。しかも自分で作ったナップサックを持って、修学旅行に参加している。学芸会の発表に大好きな歴史を扱ったことも誠にとっては大きなチャンスであった。新しい発見にわくわくし、苦手な「書く」というハードルを楽々と超えてしまった。このような学びは、誠にとって意味や見通しが持てるものになった。この高学年の時期の体験が、中学にもつながっている。専門の教科の学びは誠の知的好奇心をそそるものであった。そのことが登校につながっていると考えられる。

5　社会生活を家族の中で

誠にとって、家庭の中で、生活のモデルの兄、面倒をみるべき弟の存在は大きかったと想像できる。心を砕いて、紀子は誠と一対一の関係を大切にしているが、一方で、いい意味で子育てに忙しさがあり、密着した関係ではなかった。また、元保育士という立場からも子どもの発達についての見通しを持っていたと思われる。無理に登校を促すことで、後々困難さを抱えるケースが多くある中で、紀子はゆったりと構えていた。

近隣の祖父母が「ありのままの誠」を受け入れている。家庭の中で、自己肯定感がはぐくまれ、社会生活が十分にできていたことが、中学になって登校ができるようになった一因にもなっているようである。

6 行政の在り方

文部科学省は「通常の学級に在籍している障害のある子どもにも、障害に配慮し、指導内容・方法を工夫した学習活動を行う」「個人に必要とされる合理的配慮が提供されること」と言っている。

小学の入学時、学校教育課は、通常学級と支援学級を行き来すればいいという助言をした。しかし、学校との連携不足か、実際には、籍が違うから特別支援の教室に毎朝挨拶して通常学級に来なければならないとされた。通常学級に居場所を感じられない誠のために母は訴えたが、行き違いを改善できなかった。また、四年時に、担任を替えてほしいと教育委員会の相談窓口に伝えても、「二年間連続での担任制だから」と、学校側の都合を説得された。結果、一年間、登校できなかった。相談窓口は、相談者の側に立った改善のために働いてもらいたい。

7 親の連携を

小学の入学期、誠と保育園から仲の良かった友人はいた。しかし、紀子は学校生活のさまざまな心配事に、相談する人がいなかったとのこと。

親が苦しさや不安を語れる場が必要である。小学校の学級懇談会、通院先での親の会、公的な障害児を抱えている親の会などが存在しているが、紀子には、情報が届いていなかった。親が安心して見通しが持てること。そのことが子どもにもいい影響を及ぼすと考えられる。

【コラム】

不登校児童生徒

何らかの心理的、情緒的、身体的あるいは社会的要因・背景により、登校しないあるいはしたくてもできない状況にあるために年間三〇日以上欠席した者のうち、病気や経済的な理由による者を省いたもの（文部科学省）

合理的配慮

（特別支援教育の在り方に関する特別委員会報告一）

三．障害のある子どもが十分に教育を受けられるための合理的配慮及びその基礎となる環境整備

二〇一六年施行「障害を理由とする差別の解消の推進に関する法律（いわゆる「障害者差別解消法」）」では、障害のある人が社会にあるバリアーを取り省いてほしいと伝えた場合、行政機関などが負担の重すぎない範囲で対応する「合理的配慮の提供」を義務付けている。

自閉症

多くの遺伝的な要因が複雑に関与して起こる生まれつきの脳機能障害。症状が軽い人たちまでも含めると、一〇〇人に一人いると言われている。対人関係の障害、コミュニケーションの障害、パターン化した興味や活動の三つの特徴をもつ障害で、生後間もなくから明らかになる。最近では症状が軽い人たちまで含めて、自閉症スペクトラム障害という呼び方もされている。

（厚生労働省生活習慣病予防のための健康情報サイト）

感覚過敏

視覚、聴覚、嗅覚、味覚、触覚といった感覚がとても敏感で、生活に大きな不便があること。例えば、聴覚過敏で、特定の音がものすごく苦手、触覚過敏で特定の肌触りの服は絶対に着られない、視覚過敏で明るい屋外をとてもまぶしく感じるなど。

ヒアリング二〇一八年八月（文責　丹下加代子）

11　子どもをもっと理解していれば

― 教育懇談会で ―

祖母　静子
祖母　和子
母　洋子
祖母　浩子
伯母　佳子
保育士　由紀子

1　何かおかしい　祖母の静子

現在十八才の大学生になる孫について心配なことがある。この子が赤ちゃんの頃から様子がおかしいと感じていた。ＡＤＨＤを疑っていた。

八ヵ月の時、無理やり視線を合わせたらうろたえていた。手を振りほどいてどこかへ行ってしまう。帽子を嫌がり、抱っこをせがまない。一歳半健診で、十単語しか言葉が出ず、「パパ」「ママ」は言えなかった。二歳半からよくしゃべるようになった。三歳で、目が合うようになり、他のことも普通にできるようになった。それでも朝の支度ができない。行動の仕方を箇条書きにして貼ったら喜んで見に行っていた。卒園まで続いた。刺激に敏感で、夜寝るときは暗く、静かにする必要があった。

幼稚園の先生から、「とくに元気で子どもらしい」と言われた。小一の先生からも、「なんとかやれている」と言われた。それでも気になって、小児科で発達検査を受けた。目で見ることは得意で、耳で聞くことが苦手。その差が大きいと言われた。医師はカルテに、「広汎性発達障害」と書きかけたが、静子が「孫娘は新しいものが好きです」と言うと、「困ったことがあったら来てください」で終わった。

靴下は片一方だけ履き、注意が他にそれると、片方を履くのを忘れてしまう。小三になると、注意がそれても靴下を履きに戻ってきた。それまではみんなと遊んでいたが、次第に遊ばなくなった。孫娘が言うには、「一対一はいいが、大勢だと、誰が誰に言っているのかがわからない」とのこと。それでもコミュニケーションはとれて、困ることはなかった。

中・高校の先生は、変わった子とさえ気づいていなかった。高三の模擬試験の成績が良く、国公立に行けるかもと思ったが、途中から成績が下がり、滑り止めの一校だけ合格。担任から、原因がわからず「どうしたの。体調が悪いの」と、言われた。孫娘は「同じことの繰り返しが嫌。時間割がわからなくなった」と言っていた。新しいことには向かっていくが、繰り返しや復習になるとやる気をなくす。それで成績が下がったようだ。父親は同じことの繰り返しがいやで転職している。

時々すごくできることがあり、「この子、すごいかもしれない」と勝手に期待し、そうこうしていると、全然できないこともあり、つらくなってくる。

現在は就職に有利と考え、大学の経済学部にいる。友達もいる。怒るときはカッとして、乱暴もするが、妹とリズム体操などして楽しそうにしている。

2　孫育てに孤立感　祖母の和子

発達障害と診断された不登校の孫を預かっている。

担任にはよく理解してもらえない。漢字がなかなか覚えられないために、何回も書いてこいと言われる。婿はわが子のことをきちんとつかんではいない。発達障害の薬も飲んでいるが、どんな薬かはわからない。医師や薬剤師に聞いてもしっかりと説明をしてくれない。娘からは「お母さんに預けたのだから何とかしてよ」と言われる。夫にも周りの人にも心配なことを話せないでいる。

3　不登校で悩んだ母の洋子

小学一年の時に娘の筆箱がなくなった。娘から「もらった」という子が、気にいった絵だけ切り取って、その筆箱をゴミ箱に捨てた。日直で、みんなの前に立つことが嫌で登校を渋った。担任に相談すると、「六年生になれば、全校児童の前でも話さなくてはいけなくなるから」と、取り合ってくれず、不登校になった。担任はこのことが原因とは考えていないようだった。洋子は、本を読みあさったが、娘の気持ちがわからず、自分を責めた。小二～三年は娘の教室に一緒に通った。

小五のＰＴＡの講演で、不登校支援をしていたＡ氏に出会った。高額の経費がかかるＡ氏の学園にも通った。Ａ氏は、「登校できない子は今から山の施設に入れる」と脅し、無理やり学校へ行かせた。結局、学校から電話がかかってきて、迎えに行った。すると、迎えに行ったことをA氏に叱られた。A氏が娘をしばらく預かり、そこから登校していた。娘は「誰かに背中を押してもらいたかった」と言って、三学期から登校するようになった。

中三で高校の兄が事故死した。そのせいか、娘は明るい子が苦手で、避けていた。

専門学校へ進学したが、半年で、違う専門学校に転校した。簿記の勉強をし、就職したが、辞めて、また専門学校へ行った。職場も転々とした。会社の事務の仕事では電話に出るのが嫌だと言っていた。

動物が好きで、「馬が大好き」と言っていたが、馬の世話では収入が少ないとあきらめ、今では工場で働いている。婚活して養ってもらうつもりだ。

無口な人と出会い、そのせいか、娘の方から話すようになり、話すことに慣れてきたようだ。今では、ボーイフレンドができ、変わってきた。現在は派遣で経理の仕事をしている。

キレる時があり、少し心配だ。イライラすると壁に穴をあけたり、過食になったりしている。

4　保育園への行き渋り　祖母の浩子

次女夫婦が団地に住んでいた頃、孫娘を育てた。孫娘の父親は夜遅く帰宅し、子育てに参加しなかった。引っ越しをきっかけに、保育園へ行くのを渋った。

娘が一対一で、孫娘を大事にしすぎている気がする。一人遊びができない。読み聞かせをしている時、他のことに関心が向くと、そっちに行ってしまう。おもちゃもいっぱいあるが、すぐにあきてしまう。車に乗る時にチャイルドシートに座りたがらず、困った娘はスマホで動画を見せて座らせている。ビデオに録画しているものも見せている。すると、とてもお利口にしている。そんな孫娘の成長が心配でならない。

5 「学校へ行かなくてもいい」伯母の佳子

甥が中三で不登校になり、家の中で暴れるようになった。友人のスクールカウンセラーに相談したり、甥に事情を聞いたりしているうちに、この程度ならいつか学校に行けるようになると思った。甥に、「学校に行きたくないなら行かんでいい」と言い、妹に「ほかっておけばいい」と言った。

妹は母子家庭で甥を育ててきた。いい子として育ってきたのに、突然登校しなくなり、どうしていいかわからなくなったようだ。高校までは行かせたいと考え、登校しないことが許せなくなり、会話もせずに、二十才までは責任があるからと、食べるものだけは食べさせる親子関係を続けていた。

学校の先生は原因をつかんでおらず、助言もなかったが、何度か家に来て、登校を促してくれた。甥は先生に会おうともしなかった。

甥とはメールでやり取りしていたが、登校させたかった妹と、私の関係が悪くなった。結局、通信制高校へ行って今年就職した。結果オーライだった。高校を卒業して就職もし、妹が私に「お祝いちょうだい」と言ってきた。そこで、初めて妹と和解ができた。

6 発達保障ができる保育を　保育士の由紀子

勤務先の保育所は他園と比較して、保育内容が充実している。普通、園児と保育士は六対一だが、六名の園児に二名の保育士がいる。公園へ連れ出しても、園児たちの希望の場所に行かせる。自分のやりたいことを思いっきりやらせている。危険を感じたら保育士がとんでいく。他の保育園児たちと公園で合流したことがある。全員、滑り台に並ばせ、順々に滑らせている。滑りたくない子もいるだろうに、それを遊びといえるのだろうかと疑問に感じたことがある。

自分達の園の保育が充実していると感じていたが、最近様子が変わってきた。子どもは、一歳半から二歳にかけて、うまく自分を出せないので噛みつくことがある。被害にあった親が「誰がやったの」と詰問し、保育士の責任だと伝えても納得されないことが度重なった。今では誰がやったのかを相手の保護者に伝え、報告書も出すようになった。本当は、保護者とは子どもの発達のことなど、長い目で、話しあっていきたいところだが、できない。

保護者の関心は、子どもの「できる」「できない」というところにある。保育士もそちらの話をしてしまうことがある。

迎えの時に靴下をはいていないところを見られ、保護者に指摘されてしまった。はだし保育は子どもたちの健康にいいと思っていても、信頼関係や保育内容の理解が十分でない場合は、こちらの思いや行動を引っ込めざるをえない。

発達に応じて自我を出させ、遊びきらせてきたが、保育士が委縮し、自分がいいと思った指導に自信がなくなってきている。

ヒアリングを終えて

1 専門職員として生きづらさの支援を

祖母の静子は、視線が合わず生活力のない孫娘に、「なんかちょっと違う」とずっと感じていた。勉強も思うように進めなかった。できないことが顕著であれば、支援ももらえるが、できることとできないことの凸凹があり、とても優れたところもあると、できると誤解されてしまう。小児科医にも、学校の先生にも相談をしているのに納得できる助言に出合えなかった。佳子の甥も助言をもらえなかった。保育士や教師は、その専門性からその子の生きづらさについて的確な指導助言する力量を高めてほしい。そうすれば、成績の維持もできたかもしれない。周囲が気づかないところで、当事者は苦しい生活をしてきた。静子の孫娘の「一対一はいいが、大勢だと、誰が誰に言っているのかがわからない」という困り感の表現力に感心する。困ったことを言える関係をつくってきたのだと思う。静子が何か違うと感じた違和感を大事にして、孫との会話を大事にしてきたからだと思われる。得意とすることを伸ばし、苦手については努力不足とは違うという視点をもつことが求められる。

洋子は、みんなの前で話すことが苦手と、先生に訴えたが、聞き入れられず、結果不登校になった。

和子の孫娘は、発達障害と診断をされているにもかかわらず、膨大な漢字の宿題を出されている。苦手な漢字の学習を学級集団と一律に指導されている。

近年、漢字を覚えることが苦手で、不登校になるという話を聞くことが多い。日々、自分はできないという刻印を押されているようで苦痛でしかないと想像する。他のことはできていても漢字を見て、書き写すことが際立って不得意な子どもがいる。教師はその子にとって漢字力向上になるのか、努力云々の問題ではないのか、見極める力量がほしい。

個々の子どもの特性を理解し、指導の方法についての研修を重ねてほしい。

洋子の娘のように、筆箱を人にあげたり、もらった筆箱をゴミ箱に捨てたりすることは、問題である。学校はこうした出来事をもう少し、究明し、安心できる教室空間をつくる必要がある。

洋子自身は、息子の死で悲しみに暮れていたと思われるが、娘もまた、生きていく上で、喪失感など心の傷として影響を受けたと思われる。

親友を病気で亡くしたA子が不登校になった事例がある。「この先の未来が見えない」とか、「頑張ってもむくわれない」とつぶやき、気力を失くしていた。一緒に生活を共にし、存在していたものが急に目の前からいなくなってしまったという体験は、深い傷になっていくと思われる。

2　父が子育てできる環境を

このヒアリングは、ある小都市の子育ての親の会で協力を得て実現をしている。一律に父親が登場してこなかった。わが子の実態をつかんでいない様子である。ここで聴きとった人たちに限らず、父親が子育てに十分関われる実態にないのではないか。働き方改革が叫ばれているが、家族中が長時間労働してはじめて、やっと生活の維持ができているのではないだろうか。その上、休みを取りづらい実態である。ゆったりと子どもと会話を楽しんだり、遊んだりできないことは、親としての資質よりも社会の働き方の問題ではないだろうか。

3　子育ての支え合いを

申し合わせたわけではないのに、不登校で悩んでいる話が多く出されている。こんなに「行きづらい」学校とは何かということを考えていく必要がある。

一方で、子どもが不登校になると、壁の穴あけ、過食などイライラしている子どもを見て、不安になる。親世代が不登校を体験していないからである。子どもの気持ちをつかみかねている。今回、祖母という立場で、子育てを支援している人が多く、親たちはずいぶん心強いと想像できた。

浩子の孫の様子も、子育ての間に感じる悩みで、幼児の発達としてそんなに心配なことはないと思われる。近隣で気軽に困り感を語れる場がほしい。

4　幼児期の育ちを大切に

保育士が、滑り台の順番を取り仕切る現状が話された。「何をして遊ぼうか」「順番だよ」「代わってよ」と、本来、子ども同士の関わりで、自分の思いを伝え、相手の思いを受け止めることができる。そんな人間関係がつくられ、自己表現力がついてくる。遊びを通して育まれる。遊びを見守ることが大事ではないだろうか。

保育士としては、保護者との信頼関係を築くのが大きな課題である。子どもの発達を見据えて、よりよい保育を目指して実践をしてもらいたい。

ヒアリング二〇一七年四月　（文責　丹下加代子）

12　不登校をのりこえて

―信頼できる人に出会って―

高校生　ヨシオ

1　生い立ち

僕は現在、夜間定時制高校の一年生、一六歳である。以前は両親と長兄、双子の兄と僕との五人家族であった。小学校では四年生の時はサッカークラブ、五年生の時はソフトボールクラブにいたが、六年生は何もやっていない。

小学校五年生の五月頃から学校へ行かなくなった。双子の兄も不登校で中一から「ほのぼの」（「教育支援センター（適応指導教室）」の名称）へ通っていた。

中学生になっても僕の不登校は続き、昼間はコンビニなどにジュースを買いに行く程度で、あとは一日中家でテレビゲームをするか寝ているかで、昼夜逆転した生活になった。担任の先生がときどき家庭訪問に来た。僕は野球が好きで、中学校では野球部に所属し、二年生の時はときどき野球だけやって帰ることがあった。三年生になってからはほとんど学校へ行っていない。

僕が中一の時、両親は離婚し、母は高校生の兄を連れて別居し、僕と双子の兄は父と暮らすことになった。

中三の九月から「ほのぼの」に通うようになった。

そして、今は高校の一年生で、高校へは一日も休まず通っている。高校生になってからも「ほのぼの」へは一日も欠かさず通っている。「ほのぼの」が大好きだから。

双子の兄は、県内の高校で寮生活をしており、僕は父と二人で暮らしている。

母は、離婚後は職場を変わり、福祉施設で働いている。

2　ゲームが楽しい

小学五年生の五月頃、ナゴヤドームへ父とプロ野球を見に行った。父は阪神ファン、僕は中日ファン。野球の応援で帰りが遅くなり、次の日、体調を崩して学校を休んだ。学校を休んだら昼間は家には誰もいなくて、父のテレビゲームがあったのでやった。以前にもたまに父と一緒にゲームをやったことがある。でも、今までは夜は家族がいるのでゲームが出来なかったが、学校を休めば昼間は誰もいないから思いっきりゲームができた。そのうち朝起きるのが面倒になり、じゃあ学校を休んでゲームを思いっきりやろう、ということにした。

母は学校へ無理矢理連れて行こうとしたこともある。叩くようなことはなかったが怖かった。でも、無理矢理登校させられても、学校は全然楽しくなかった。小学校では「ずうっと体育だったら楽しいのに」と思った。それでも、小学校の間は昼夜逆転することは無かった。担任の先生は体育だけでも、あるいは給食だけでも学校に来てはどうかと言っていた。六年生のときは学校へ行っていなかったが、修学旅行と卒業式は出た。

中学生になっても不登校は続き、生活も昼夜逆転してきた。中学校では、ずうっと部活がしたかったので野球部に入っていて、中二の時は、たまに学校へ行って野球だけして帰ることもあったが、寒い冬に走るのがイヤでやめた。中三は学校に行っていないが、学校からの野外学習には参加した。

ゲームは相変わらず続けていた。でも中二の頃から将来どうするか漠然とではあるが不安だった。

3　自分で決めて

父は「高校だけは行け」と言い、ゲームを取り上げ、職場に持って行ってしまうようになった。そして「学校へ行くのであれば、ゲームをやらせてあげる」と言われ、「ほのぼの」へ行けば登校と同じ扱いだから、中三の九月から「ほのぼの」へ通い始めた。「ほのぼの」から帰るとゲームをやらせてくれたので、「ほのぼの」へ通うのはずっと続いた。「ほのぼの」がいいのは、朝、登校するのが遅く、遊ぶ時間があることだ。気づいたら周りの人とも仲良くなっていた。勉強は、始めのうちはひたすら漢字を書いていた。徐々に他の教科もやるようになった。

少し勉強に自信がついて、高校へ行こうと思い、定時制を受けたら落ちた。面接で敬語を使わなかったし、面接の練習をしていたので、場慣れしていてリラックスしすぎて入試を軽く見ていた。二次募集では真剣に取り組んで合格した。

高校の授業は一七時四〇分から二〇時五〇分までで、バドミントン部に入り、二二時まで練習をしている。高校は一クラス二〇名くらいで、友達も五、六人いて一緒に給食を食べている。教科では「現代社会」が好きで、株式の話などが面白いと思う。高校は自分で「行く」と決めたことなので、一度も休まないで登校している。今では大学には行ってもいいなと思うようになった。父もそれに賛成している。

現在、週一回日曜日に外食産業でバイトをしているが、金遣いが荒くなったし、ゲームもよくやる。でも今はバイトを辞めたいと思っている。それは、バイト先で他の店員が、いない人（自分が尊敬する人）の悪口を言うので、それを聞くのがイヤで辞めたいが、なかなか断れない。

今も平日の昼間はゲームばかりやっている。

4　居場所

高校生になった今でも「ほのぼの」に毎日通っている。そこがいいのは、「ほのぼの」に来るといろいろな子たちと交流できるし、「ほのぼの」の先生も話しやすいので落ち着いていられるからだ。バイト先の悩みなども「ほのぼの」の先生だと気楽に相談できる。

学校へ行っていなかった小五、小六、中一、中二、中三の担任の先生の顔と名前は全部覚えている。

ヒアリングを終えて

1　子どもには過酷な環境

ヨシオの不登校のきっかけは、体調不良で学校を休んだとき、たまたま時間つぶしにテレビゲームをやったことであった。ゲームの面白さとそれを止める者が周りにいなくてやめられなくなったことである。ゲームは沢山やれば飽きがくるというようなものではなく、やればやるほど次の段階へと進みたくなるようにプログラムされている。ゲームは大人でものめり込んで破滅的な結果を招くことは、国会で「カジノ」開設に当たって「ギャンブル症候群」をどう防ぐか空しい議論がなされていたことからも明らかである。毎日のように入ってくる新聞折り込みのパチンコ屋の広告にも「パチンコ・

パチスロは適度に楽しむ遊びです。のめり込みに注意しましょう」などと注意書きがしてある。大人においてもこのような状態に陥ることが危惧されているのに、大人よりはるかに自制心が弱いと思われる子どもにおいては、「のめり込み」を止めさせるのは、それを制止する大人がいても並大抵ではないと思われる。

また、両親が離婚した事実は話してくれたが、細かな経緯は話さなかった。中一で母親、兄と別れることは、子どもにとってはずいぶんと辛いことだったであろう。推測でしかないが、そこに至るまでの家庭は、決して円満ではなかったと思われる。そこではヨシオを支える者がいなかった。

2 ちょっと背中を押してくれる大人が欲しい

「ほのぼの」の先生に拠れば、中三の九月、彼が「ほのぼの」へ来始めた時は、「自分はクズですよ」と自己肯定感が低く、単語しか話さず、何かと誤解されやすい生徒であったという。ヨシオが「ほのぼの」へ来るきっかけは、自分でも述べていたが、父親から「学校へ行かないとゲームをやらせない」と、ゲームを禁止されたことである。禁止されてもパニックにならなかったのは、一つには絶対禁止ではなく「学校へ行けばゲームをやってもよい」という条件つきだったこと、父親を信頼しているから父親の指導を受け入れる心のゆとりがあり、自分の感情を制御できたのであろう。

また担任の先生の名前と顔を全て覚えていたということは、学校がよく関わっていたと思われるし、ヨシオも学校の全てを拒否していたのではなかったと思う。学校がヨシオや父親と対話をし、ゲームのとりこになっていることを知ってその対策を考えていれば、父親と連携してもう少し早く彼の背中を押すことができていたかもしれない。

3 子どもの居場所を確保

不登校になる理由は千差万別で、時には本人にもよくわからないことがある。しかし、不登校について回る不安は、学習、友達、進路などに関して「これでいいのか」ということであろう。

それらの不安に少しでも応え、不安を解消する環境が必要である。その意味では、彼にとって「ほのぼの」がその場であったといえる。学校よりも時間規制などが緩やかであり、出席扱いにもなる。また学校のクラスシステムとは違い、異年齢の子ども同士の交流などで学校ではできない体験ができる。

なによりも重要なことは、「ほのぼの」への出席は、まったく自分の意志によるものであることである。その中で、高校は自分で選んだ進路として「行こう」と決意したから、一度も休んでいない。

「『ほのぼの』の先生は、他のどの先生より話しやすい」と言っており、高校生になってからも「ほのぼの」へ毎日通っているのは、彼にとって自分を受け入れてくれ、励ましてくれ、後押しをしてくれる場所になっているからであろう。「ほのぼの」では、子どもの何気ないつぶやきに先生が反応してくれる。他愛もない自分の疑問やつぶやきに他者が反応し同意してくれることが、心の平穏につながっているといえよう。

4　人との関わりを持続

「今までの自分を見て後悔するか?」という質問に、「あれはあれでよかったと思っている」と言っていた。その言葉は自分を受け入れるところから出発していることを示している。「ほのぼの」の先生は、「今回のヒアリングでは、あまり上手く話せないと思っていたが、みなさんの聴き取りのうまさもあり随分と話してくれた。特に、卒業して高校生活をしていることと働いていることで思った以上に成長していることが分かった。学校生活の影響の大きさを今回重く受け止めている」と言っていたが、特に人との関係をよく築いていることに感心した。

聞き取りが終わって帰る時、「ほのぼの」の先生が途中まで車で送っていった。車を降りる時、ヨシオは丁寧に頭を下げて「ありがとうございました」と礼を言った。私は嬉しくなって「三年か四年後にまた会いたいね」と声を掛けた。

―エピローグ―

「そばにいる他者(ひと)を信じて子は生きる」(折出)

ヒアリングの何日か後「ほのぼの」の先生が、子ども同士が交感する影響の大きさについて感心していた。

かつて「ビルから飛び降りて死のうと思った」と言っていた「ほのぼの」に通っている中三の子が、ヨシオを見て、「先輩の姿を見て、僕は支えられた」と言い、さらに「僕は先輩に恩返しをする」と言う。その恩返しとは「高校三年間休まないことだ」と言っていたという。そして、現実に今それを実行している。

【コラム】

教育支援センター(適応指導教室)

「教育支援センター(適応指導教室)」とは、不登校児童生徒等に対する指導を行うために教育委員会及び首長部局(以下「教育委員会等」という)が、教育センター等学校以外の場所や学校の余裕教室等において、学校生活への復帰を支援するため、児童生徒等の在籍校と連携をとりつつ、個別カウンセリング、集団での指導、教科指導等を組織的、計画的に行う組織として設置したものをいう。なお、教育相談室のように単に相談を行うだけの施設は含まれない。(文科省)

ヒアリング二〇一八年十二月　(文責　早川教示)

13

不登校からの出発（たびだち）

―あのとき・これから―

大学生　あゆみ

海

未希

1　あゆみの場合―閉ざされた母子空間

私が三歳のとき両親が離婚、それから母との二人暮らしが始まった。離婚の理由は訊いたことがない。母が忙しく働いていた姿は鮮明に思い出すことができる。かなりストレスがあったのだろう、飲酒や喫煙、パチンコで気分を発散する母であった。夜は私ひとりで過ごすことが多かった。

中学三年の春、女子グループ内の「いじめ」があり、言葉による仲間外しで教室での居場所を失った。それから保健室登校が始まり、秋まで続いた。私を支えてくれたのは養護教諭で、「逃げ場」をいつも確保してくれた。高校二年のときは部活動内のトラブルで孤立し、短期間だが保健室登校をした。

不登校中、母は私に理由を質すことはなく、「行きなさい」と言うばかり。「私を受け入れてほしい」と思ったが、日々追われる母を見ていると、それを言葉にすることはできなかった。さらに追い込んでしまうのではないかと思ったからだ。

自宅は一間しかないアパート。一緒にいても、会話することがない閉ざされた母子空間、親子の距離感がなかなか保てなかった。母がいてもいなくても、私はいつも何かを呟いていた。それは、ふと衝動的な気持ち（自殺願望）がわくときがあり、自分の気持ちをコントロールするためのひとり言だった。

小学生のとき、ボランティアクラブに参加。障害者との出会いがあった。介護や福祉に関心をもつきっかけになった。高校は障害について学べる学校を選択し、人権サークルにも参加した。「いじめ」に向き合う討論会で自分の不登校体験を見つめることができた。そして、特別支援学校の子どもたちとの出会いが大学進学目的を鮮明にした。

家庭で、学校で、孤立しがちな私を大学生活が変えつつある。奨学金とバイトで大学生活を維持している。いま、はじめて母と私はともに自由になれた気がする。

2　海(かい)の場合―自分の人生の課題として

高校二年の三学期、体調不良と友人とのトラブルで長期の欠席、補講でなんとか進級した。三年の一学期も長期の欠席で、「進級は難しい」と三者面談で言われた。一年留年したが、「引きこもり」で出席できず退学。その後、単位制の通信制高校に入学した。

不登校の理由を問われると、いまでもはっきりしないが、おそらく友人とのトラブル（口論）が発端だろうと思う。自分も友人もトラブルは大した問題だと思っていなかったが、トラブルによってこれまで経験したことのない気持ちの動揺がやってきた。その動揺がショックとして長く残った。

日頃、自分の状況を察してくれる両親であったが、欠席中の数週間は「今日はどうするの？」ときつく言われることがあった。休む理由を問われても、答えることができない自分であった。三年のはじめ、心療内科に通院。医者からのアドバイスがあった。それ以後、両親はかなり私への言葉がけに気づかってくれた。

友人とのトラブルは部活動内で起こったが、部顧問はその状況をわかってくれなかった。二年、三年の担任は理解を示そうとしたが、気持ちを受けとめてくれる場や時間が限られていた。

私に「これから」を考えさせてくれたのは留年時の担任であった。通信制高校への進学を助言された。実際、通信制に入学してみると、異年齢の生徒たちが授業で自由に学び合う雰囲気があり、先生とも話しやすかった。退学した高校の修得単位が活用でき、時間的余裕が生まれた。その余裕を、今後の進路（大学進学）のための受験準備時間として活用することができた。

大学生活のなかで、「これまでのつらい思いも自分の人生の課題」として理解できるようになった。それに気づいたのは、大学での出会いと学び、新しい体験である。不登校の子ども支援のボランティアも、自分の課題を見つめる場になっている。

3　未希の場合―やっている事実が自信に

中学三年のとき、学級委員をしていた。クラスのなかは「どこの学校に行くの?」という雰囲気が高まり、他人の視線が気になるようになった。二学期から学校をよく休むようになった。体調不良（のちに不安障害と判明）が理由だった。

高校入学後も、他人の視線が気になった。しばらくして保健室登校に、そして自室に引きこもった。

母は「行きなさい。気持ちの問題だ。そんなことでどうするの！」と言うばかりで、不安障害をもつ私を理解しようとはしなかった。

一学期の出席日数は十日ほど、進級日数が足りなかった。これからどうするのか（したいのか）、進路に悩んだ。いろいろ調べた。その結果、夏休みに退学し、通信制のサポート校へ入学する手続きをとった。サポート校なら、他の生徒との接触が少ないと思ったからだ。

不安障害を抱えてサポート校に入学。さまざまな進路経験をしている生徒や「引きこもり」をしていた生徒が入学していることを知った。不安障害がなくなったわけではないが、不安感がかなり違った。入学当初は弁当をひとりで食べていたが（ときにトイレの中で）、自分を受け入れてくれそうな友だちを見つけて「ひとり弁当から卒業」。日常的に私を支えてくれたのは四十代の担任で、必要ならいつでも個別に相談にのってくれた。相談のなかで、自分の進路（大学で学びたいこと）を見つめることができた。

大学の授業は中学・高校のような指定された座席がない。不安になれば、教室を退室することも自由だ。不安になったら相談できる学生支援もありがたい。いろいろな経験・生き方をしてきた学生たちがいることも居心地がよかった。

そして、下宿生活と大学生活をなんとかやっている事実が「これならやっていけそうだ」という自信につながった。

ヒアリングを終えて

1　自由になれた理由

あゆみにとって、「逃げ場」はきわめて限られていた。中学時の「いじめ」の「逃げ場」は保健室であり、それを養護教諭はいつも確保してくれた。

しかし、あゆみにとって家庭は「逃げ場」でなく、会話のない、閉ざされた母子の密室空間であった。ひとり親家庭の経済的困難さから、あゆみは母親の不在が多く、夜もひとりで過ごすことが多かった。同じ時間をともに過ごしているときでも、ほとんど日常会話をしなかった。ストレスを抱える母親と長く暮らしてきて、どのように接したらよいのか、その接し方がわからず戸惑ったからだ。あゆみは自分を守るために、自分だけの世界に閉じこもった。

あゆみは大学生活（大学一年）のなかで、「はじめて母と私はともに自由になれた気がする」と語っている。ここでいう「自由になれた」とは、もちろん物理的意味だけではないだろう。あゆみを精神的に自由にしたものは何だろうか。

あゆみは大学のなかで「障害児の家族支援」を学びたいと思っている。その理由を問うと、「自分の体験から実感するのは、やはり親は大きな影響を与える存在だ。子どもを支援するためには親を支援しないとだめ。私の場合は親への支援がなかったような気がする。興味を持った障害についても、障害児を支援するときに家族支援の視点を持っているかどうかは決定的に重要だ。その視点を持っていれば、適切な支援ができたり、障害の見方も違ったりするのではないかと、大学で学んでいくうちに、そう思えるようになった」と返答。

あゆみは、まだ始まったばかりの大学生活のなかで、母と自分が自由になれなかった理由を、家族支援のあり方から考えようと学習を積み重ねている。学習が自分をさらに自由にするだろう。

2　向き合えば自分の過去にたどり着く

海は大学入学後も、ときどき気持ちが不安定になるときがある。不安定になる理由を訊いてみた。

「うまく言えないが、人に言いづらい悩みがある。それらの悩みは、ほかの人にとっては気にならない些細なことでも、私の中でとても気になってしまうことである。そのような些細な悩みであるからこそ、言いたいことがうまく伝わらず、誤解されてしまうようなことがたくさんある」「だから、高校までコンプレックスをうまく隠し、他人を避けて生活してきた。そこから抜け出したいけどなかなかできない」と。でも、抜け出すヒントを大学のなかで見つけたようだ。

「この大学には障害を持った学生が何人も在籍している。彼らがどのように障害と、また周りの人々と向き合ってきたかはまだ十分知らないが、自分自身の課題に向き合ってきた経験があることは何となくわかってきた」と。

障害をもった学生や障害を理解しようとする学生との交流をとおして、海は自分自身の課題にほんとうに向き合ってきたのだろうか、自発的な場である大学（生活）のなかで課題を避け続けることはできないだろうと思うようになったそうだ。

だとすれば、海自身が大学生活のなかで「これまでのつらい思いも自分の人生の課題」として理解できるようになったと語っているのは、その課題を否定的に捉えず、「自分にとってなくてはならない人生のエピソード」として考えるようになった証左（あかし）であり、自分自身に対する反省と決意の表現であろう。

自分のなかに生じた変化に気づき、「これから」を模索しようとする大学生の姿がそこにあった。

教師をめざしている海は、これまでの学びをとおして「実際の現場で体験すること」の重要さをつよく意識するようになったそうだ。そして、「興味を感じる内容を突き詰めれば突き詰めるほど、自分の過去にたどり着くのだと気づいた」と語っている。

3　これからにとって貴重な原体験

不登校・退学・再入学を体験した未希にとって、不安だったのは「これから」の学校生活と進路選択であった。それを支えたのが通信制（サポート校）で出会った教師たちであった。

未希によれば、「私が授業に出られないとき、どうしたら良いかを一緒に考え、学ぶ環境を工夫してくれた。悩みがあるときには、親身になって相談にのってくれた。大学の願書が出せなかったときは、私が本当にやりたいことを話すまで納得のいく進路を一緒に考えてくれた。そのおかげで、教員になりたいという本当の気持ちに気づくことができた」そうだ。

通信制の高校では、生徒の事情がかなり異なるので、そうしなければ教育が成り立たない状況があったことは想像できる。未希から見て、そうした事情を考慮した個別対応が様々な形で取り組まれていたことが支えになった。「他の生徒との接触が少ない」という理由で選んだ学校で、これまで体験したことのないような教師のサポートがあったわけである。「こんな対応があるなんて、入学前は予想もしなかった」と。海の場合も同様であった。

どの学校にも、子どもがじっくりと自分と向き合える「とき」と「場」と「ひと」が必要だ。

＊＊＊

ヒアリングに協力してくれた三人はいずれも教師をめざしている大学生である。本来なら隠したい事実も含めて、自らの不登校体験の一端を話してくれた。

確たる先が見えない成長期に、自分を信頼し真摯に向き合ってくれるひと（おとな）の存在体験は、不登校体験とともに、教職への学びと歩みにとっても貴重な原体験になるだろう。

あゆみ　ヒアリング二〇一九年七月
海　ヒアリング二〇一八年十月
未希　ヒアリング二〇一八年十月

（文責　山口正）

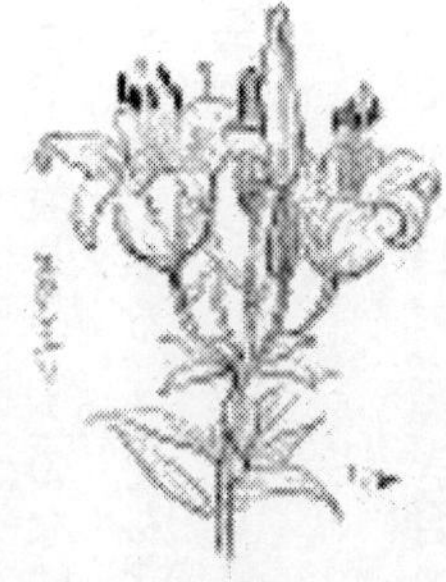

第五章　育ち直しはいつでもできる

― 発達障害 ―

14　発達障害の子どもの理解を

―合理的配慮がほしい―

障害児の父母　尚史
花江

1 生きづらさを抱えて

私のひとり娘は、三歳の時、自閉スペクトラム症と診断された。学習障害で、聴覚や視覚などの感覚に異常がみられ、現在、焦点が合わないなどに対する視機能訓練を受けている。また、聴覚過敏であるため大勢の中で過ごすことが苦手で、友達をもつことができない。したがって集団行動も苦手である。また書くことも苦手である。かなりの生きづらさを抱え「日々奮闘」という感じで生きている。

就学前教育として、しつけと勉強重視の私立幼稚園に入園させたが、指導が厳しくなじめなかった。年長になる前に退園した。

年長になるとき、市に相談をしたことが、わが子の障害についてきちんと知るきっかけになった。そこで保育園を薦められ、公立保育園に入園した。加配の保育士がつき、苦手な音楽はとなりの教室で聴かせたり、集団にも少しずつなじませたりし、この子の障害に合った取り組みをしてもらい、楽しい一年であった。

2 学校に子どもを合わせる―小学校

小学校では特別支援学級に通っていた。保育園から小学校への移行はハードルが高かった。聴覚過敏のため、他の子たちと一緒に教室にいるのも一時間くらいが限界であった。一時間程度在校するのが精一杯であった。その一時間も子どもにとっては地獄のようであったかもしれない。学習障害のため字を書くことは苦手で、プリントを破って捨ててしまう。先生に叱られ、大声で怒鳴られ、怖くて教室から逃げ出す。すると無理矢理教室に連れ戻される。集団が苦手であることから友達と関わる時間が短く、友達がなかなか出来ない。帰宅すると「字も書きたくない」「勉強もしたくない」と毎日のように訴えていた。

二年生になるといじめが始まった。娘を小学校に迎えに行った時、女の子たちがフェンス際に何人かいて、

「せーの、クズ！」と言ったり、バスに乗っている時「あの子『知恵遅れ』だよね」と聞こえよがしに言われたりした。不登校になり、二、三年生は殆ど学校へ行かず、適応指導教室に通うようになった。

この子に合った教育を受けさせることはできないのかと悩むことが多く、どこに行かせたらいいのか分からなかった。それでも試行錯誤しながらでも何かを見つけなければならないと思った。

娘が小四の頃、自販機にフリーWiFiを付けるという企業を知り、市長に、「障害をもった子どもがいる。企業とコラボして、タブレットを使った学習をやっていただけませんか」といったメールを送ったり、教育委員会にも提案したりしたが、ことごとく断られた。授業参観日にたまたま指導主事が学校訪問していたので、立ち話でタブレット使用についてお願いしたが、「工事費がかかるから」と断られた。

その中で実現しそうでできなくて残念だったことは、わが子のことをよく理解してくれたY先生に担任してもらいたかったがかなわなかったことである。Y先生は自分の信念を通す意志の持ち主で、管理職には疎まれていた。だから、希望が叶えられなかったのではないかと思う。Y先生が担任していたらわが子は変わっていたと思う。卒業する時「一度でいいから担任して欲しかった」「私も担任したかった」と手を握り合って話した。

3　学校という足枷—中学校

中学校へ入学した。中学校には知的障害児学級と情緒障害児学級があった。娘が小学校の時からいじめられてきたA男と同じクラスで、座席も隣であった。毎日泣かされ、怖くて学校へ行きたくないと言っているのでクラス替えをお願いしたが、「小学校の時、知的障害児学級だったから、情緒障害児学級には行けない」と言われた。さらに、副担任の先生から、「A男ともめるので保健室登校にしてください」と言われた。友達がいるから教室に行きたいのに、いじめられているわが子が別室なのは納得できない。「A男を指導して、A男との関係を改善していじめないようにして下さい」と依頼した。先生は「人手不足で困っている」と言いつつ、わが子の座席をA男のとなりにした。

学校生活の中で、周りから暴力を受けている様子で、自分で自分をたたくことがあった。そのため、いつ頃からだったか、ルールを作った。「物は壊さない、投げない、人を叩かない。その代わり、イライラクッションならいくら殴ってもよい」とした。

国語や英語の授業では、学習障害のわが子にとっては最も苦手とする書き順や文字の形を指導される。英語の書き順を何回もやり直しさせられ、パニックになってしまい、国語の漢字を書くこともダメになってしまった。家で「書き順がなんだ！」と怒鳴って、イライラクッションを殴っている。

4 それでも子どもは育つ

今の中学校の「学習の仕方」が学習障害を持つうちの子に合わない。タブレットなら見て学習できるが、先生たちが受け入れてくれない。小学校の時も、子どもがタブレットを持ってくることは「管理上問題がある」と言われて許可されなかった。それでもパソコンを触らせてくれることがあった。しかし、中学校では理解がないというか、一切考えてくれない。

娘は、自分が他の子とちょっと違うということを自覚し始めた。その違いを自分にとってのマイナス要因と捉え、こだわりを強くし、傷つき、自分を抑えきれなくて暴れたこともある。イライラクッションを叩くだけでは鬱憤は解消されず、ルールを守れなくなり、とてもつらそうに自分を叩くことがあった。最近は、「いらついたことで相手に何をしちゃうか分からない自分が怖い」と悩んで泣いていることがあった。それでも登校をしぶった時、先生から「友達が寂しがっているよ」と言われると、「じゃ、行かなくっちゃ」と言って出かけたことがある。他者との関係を自覚し始めたのではないかと思う。

ヒアリングを終えて

1　子どもの発達を保障する教育

聞き取りをしていると、保護者の立場から見た教師は、幼稚園、小学校、中学校を問わず、子どもへの理解が不足していると感じている報告が多々ある。今回の聞き取りでもその傾向を強く感じる。教師は専門職として子どもの発達について研究と修養（研修）を行う必要を感じる。

国連「障害者の権利に関する条約（障害者権利条約）」（二〇〇六年採択、二〇一四年国内発効）は、二四条（教育）一項（b）において、教育の目的を「障害者が、その人格、才能及び創造力並びに精神的及び身体的な能力をその可能な最大限度まで発達させること」と規定している。この規定の有無にかかわらず、教師は専門職として子どもの発達を保障するための最大限の努力をしなければならない。障害名やその特徴を知ることは必須ではない。同じ障害でも行動や理解力など一人ひとりが異なっているのが当然である。障害があろうがなかろうが一人ひとりの子どもを丸ごと受け止め、その子の個性を認め、どの子も発達するという信念のもと、子どもの可能な最大限の発達を促すのが教育の大切な役割であることを理解することが求められる。

2　教師と保護者の信頼関係をきずく

子どもの発達を保障するための大きな役割を担う学校教育は、保護者、教師による共同の仕事でなければ大きな成果を上げることはできない。にもかかわらず教師が親の声になかなか耳を傾けないと訴えられた。確かに教師は忙しく、昨今「働き方改革」などと言って教師の過酷な労働実態があきらかにされつつある。しかし、「忙しい」という口実は、手抜きをしたり、或いは保護者の声に耳を傾けなかったりしてもよい、という免罪符にはならない。教師の最重要課題は子どもの発達保障である。

保護者から悩みや問題提起があれば、すべて解決できるか否かは別として、その問題に真摯に向き合わなければならない。逆に、その子の指導について教師が悩むことがあれば、遠慮なく保護者に伝え、共同でその問題を解決すべく努力することが求められる。そうした中で信頼関係が醸成され、成果を上げることにつながっていくのである。

3　合理的配慮

国連「障害者権利条約」二四条（教育）二項（c）で、教育の権利の実現には「個人に必要とされる合理的配慮が提供されること」が確保されなければならないとされている。

それに基づいて国内法では、二〇一一年に改正された障害者基本法四条（差別の禁止）二項において「社会的障壁の除去は・・・その実施について必要かつ合理的な配慮がされなければならない」とした。障害者基本法四条を実現するために二〇一三年に公布された「障害を理由とする差別の解消の推進に関する法律（障害者差別解消法）」（二〇一六年施行）において、「合理的配慮」について具体的に定めた。内閣府はその解説の中で、「発達障害」の「合理的配慮の提供の例」として「書籍やノートなどを用いた読み書きに困難があるときには、タブレットなどの補助具をもちいることができるようにする」「感覚過敏があるときには、それを和らげるための対処（例えば聴覚過敏に耳栓を使用）を行えるようにする」「作業手順や道具配置などにこだわりがあるときには、一定のものを決めておくようにする」などを挙げている。

「障害者権利条約」採択以後、紆余曲折を経ながらも何とか制定された国内法も、教育現場においてまだまだ理解が乏しい現状ではまさに画餅に帰していると言わざるを得ない。

4　地域で生活する礎をつくる

障害のある子どもが特別支援学校か地域の学校か、いずれを選ぶべきかという問題がしばしば起きる。愛知県の特別支援学校の場合は校区が広く、住んでいる地域の方々（子どもだけではない）との日常的な交流から切り離される可能性があるということである。卒業して地域へ戻って生活を始めるときには、そこで初めて周りの方々との交流を構築しなければならないことがある。その点、地域の特別支援学級に入級することは、地域の子どもや大人との交流ができ、共生社会の構築につながっていく。

かつて、中学校進学に当たり就学指導委員会から「特別支援学校へ決定」と言われたが、それを覆して地元中学校の特別支援学級へ入学した女の子がいた。後年、この子が成人式に出席したところ、中学時代の友人数人が「一緒に並ぼうよ」と、その子を列の中に包み込んでくれたという。母親は、式場へ入る時ちょっと不安であったが、その友達のおかげで安心して見ていられ、「地域の小・中学校へ行ってよかった。地域の子たちとの繋がりが大切だ」とつくづく感じたという。

もちろん、特別支援学校でも地域との密度の濃い交流などを行っていけば可能である。しかし、それにはもっときめ細かに、例えば町村毎に特別支援学校をつくっていく等、住んでいる地域の学校や住民との交流が十分行われる環境を整備する施策がなければならない。最近、少しずつではあるが自治体（市）段階で特別支援学校を設置する動きがあるのは、たいへん望ましいことである。

ヒアリング二〇一七年六月（文責　早川教示）

15　おそるおそる足を踏み出す

―僕を支えてくれた人とともに―

発達障害を疑う成人　伸

1　「発達障害の徴候」

僕にはたぶん、発達障害がある。数年前、妻から「あなた、『アスペルガー』じゃない？」と言われ病院に行った。医者からは「何らかの発達障害の徴候がある」と言われた。正直、ショックだった。なぜもっと早く誰か教えてくれなかったのか。これまでの四十数年の人生を返してほしい。そんな戸惑いと怒りが湧いてきた。だが同時に、安堵感みたいなものもあった。長年抱いていた違和感が、発達障害に由来することがはっきりしたからだ。

2　僕は〝ダメな人間〟

保育園の年中の頃から、周りとの違いは自覚していた。友達と遊ぶとトラブルばかり。だから年長の頃には一人で遊ぶことが多かった。小学校にあがると、授業中なのに「僕には関係ない」と言ってヒーターの前で一人寝ていたことも。先生たちの勧めで受けた発達検査の結果は「異常なし」。「様子を見ましょう」で終わってしまった。

学校で「問題児」となった僕を、両親は受け入れなかった。家の中では自由に振る舞っていいと思っていた僕は、親の言うことを素直に聞くはずもなかった。そんな時、両親は僕に何時間も説教し、最後には叩くこともあった。今となっては、周囲の冷たい目にさらされて、両親もきっと辛かったのだと理解している。

友達ともうまくいかず親や教師からも認めてもらえず、当時の僕は、自分は〝ダメな人間〟なんだと心底思っていた。僕は今でも、この感覚を引きずっている。

3　不甲斐ないリーダー――小・中学生の頃

小学校高学年になると、表面上、先生の指示によく従う子になった。〝ダメな人間〟が意見を言ったり思いを語ったりする資格はないと考えていたからだ。それに学校は、決められた時に決められたことをやらなきゃならない場。苦痛を感じることもあったが、そういう場だとあきらめていた。

でも、勉強は得意だった。授業中周囲から一目置かれていると感じた。その優越感があったから、学校に通い続けることができたのかもしれない。

ただそのせいで、リーダーを任されることが多くなった。それがうまくいかなかった。合唱祭の練習を仕切ろうとしてもクラスメイトが歌ってくれず腹を立てて教室を飛び出したり、運動会の全体練習で注意されたことをすべて自分の責任だと感じたり、当時の僕にはリーダーを務めることは難しかった。周りはフォローしてくれたはずなのに、傷つけることを言ってしまうことさえあった。そんな時、「できるのに、なぜちゃんとやらないのか」と叱られることが一番こたえた。

こんなふるまいをしているうちに、クラスメイトの態度は変わっていった。だが当時の僕には、何がいけないのかを気づくことはできなかったし、気づかせてくれる友達や先生もいなかった。

4　フレネ教育との出会い―大学生の頃

大学生の頃は、人間関係でうまくいかないことはあったが、今振り返れば良い時代だった。とりわけフレネ教育との出会いは衝撃的だった。フレネ教育では、既存の価値観に縛られることはなく、子どもたちの主体性が徹底して尊重される。その教育実践では、子どもたち自身による活動や自治が重視されるのである。

こんな学びの場を知ったとき、僕の通った学校に「だまされた！」と叫びたかった。決められたことを子どもがこなすだけの学校とは、一体何だったのだろうか。苦痛を感じながら通い続ける意味はあったのだろうか。

なぜフレネがめざしたような教育を経験できなかったのか、僕は考えた。突き詰めれば、権力による学校支配があり、学習指導要領による縛りがあり、教師が一人ひとりの子どものための教育を自由につくることができない状況があったからだ。大学での学びは、学校体験を振り返る力、そして僕自身を振り返る力につながっている。

5　僕を支えてくれた人

大学卒業後、一般企業に就職した。正直、希望した仕事ではなかったが、地元では名の知れた企業だった。この企業にはおかしな慣習があった。理屈で考えれば不条理なことばかり。働き続けるには、論理的に考えることを捨てて〝感覚で動く人たちの集合体〟に加わらなければならない。その息苦しさに耐えかね、数年で退職した。

その頃、一人の女性に出会った。後に妻になる人だ。彼女は僕の扱いが上手かった。映画好きの彼女は、怒っている僕の姿を見ると「レインマン」と呼ぶ。発達障害のある人の役名だが、自分でも納得しているから、彼女を怒る気は失せてしまう。

そんな彼女が、発達障害の診断をすすめてくれた。退職を後押ししてくれたのも彼女だ。二十年近く彼女と生活をともにする中で、僕は、生きてていいんだと思えた。これまで一度も経験したことのない感覚、先生からも親からも得られなかった〝肯定感〟。彼女は、僕という人間にまともに向き合ってくれた唯一の人だ。

今年の春、彼女は亡くなった。でも、今も僕は、変わらず彼女に支えられている。

6　おそるおそる足を踏み出す

今、個別指導の塾で小中学生に勉強を教える仕事をしている。子どもがどこで嫌になるかを考えて、そこをすくい上げると上手くいく。自分の経験が役に立つと感じる瞬間だ。〝多数派〟の感覚を押し付けていないか、確認しながら実践している。

でも保護者に連絡したり、癇癪をおこす子どもと付き合ったり、戸惑うこともまだまだある。最近、上司に「子どもの状態を感知する力をもっているから、それをそのまま出せばいい」と言われた。その言葉に背中を押され、おそるおそる足を踏み出している。

今、僕の人生は、結構うまくいっている。

ヒアリングを終えて

伸（仮名、五十代男性）のヒアリングは、発達障害（またはその傾向）のある当事者の語りを聴く場として設定した。語られた人生は、深く傷ついた子ども時代からはじまる。そのせいで自分は〝ダメな人間〟なんだという感覚が今も消えないという。だが伸の語りの中に、その傷つきから回復に向かわせる契機を聴きとることができた。

1　診断

一つ目の契機は、医師による診断である。

子ども時代の伸は、教室を突然飛び出したり周りを傷つけることを言ったり、いわゆる「問題行動」をたびたび起こしていた。そのような行動をとるときは決まって、周りの子との関係が上手くいかない場面であった。集団生活の学校において関係づくりで躓くことは、子どもにとって大きな傷つきであり、ましてや伸にとってはその理由が理解できなかっただけに、その傷はなお深かったであろう。親による体罰も、なぜ親が怒るのか理解できなかったし、また、その怒り方が度を超えていたことにも気づかなかったと伸は振り返っている。つまり、当時の彼は、なぜか子ども集団から疎外され、なぜか親から体罰を受けるという、理解不可能な世界を生きていたのである。

そんな伸にとって「発達障害の徴候」という医師の一言は、長年感じていた違和感の理由として十分納得できるものだった。自分が、〝ダメな人間〟なのではなく、障害のせいで上手くできないことがある。この捉えなおしが、自己肯定感―伸のいう〝肯定感〟―を回復させる契機の一つとなっていた。

2　妻との出会い

二つ目の契機は、妻と出会い、伸の生きづらさを二人で共有したことである。

児童精神科医の滝川によれば、本人にとって診断とは、自分の「体験」に名前が与えられることである。名前が与えられることで、それを周りと分ちあうことができるようになり、それが納得と安心をもたらすという（滝川一廣『子どものための精神医学』医学書院 2017 p. 61–63）。

まさに伸も、違和感を抱え生きてきた人生を妻と共有し、「レインマン」と呼ばれることを受け入れていく。妻との時間を積み重ねていく中で、伸は自分という存在の価値を確かめていったのであろう。こうして得られる〃肯定感〃は、やがて、自分の経験を生かす仕事に転職し、人生を切り拓こうとするエネルギーにつながったように思う。

「大切にされるべき存在のボク・ワタシ」として子ども時代を生きる。このような自己肯定感を育む環境が子どもたちの育ちには必要である。だが一方で、「肯定感を与えるのは親でなくてもいい」という伸の言葉のとおり、たった一人の妻との出会いによって回復の道は開かれていた。生みの親との関係や子ども時代の家庭環境のみがその子どもの育ちを決める要因なのではない。伸の語りは、「育ち直し」はいつでもできるという、発達の可塑性を実証している。

3　大学での学び

三つ目の契機は、大学での学びである。それは伸の自己理解を支えるものとして位置づいていた。

子どもの主体性を尊重するフレネ教育の理念に共感し学びを深める中で、自身の被教育体験を相対化し、教師が「正しい」とは限らないことに気づいていく。教師から体罰を受けた経験のある伸にとって、自分が通った学校に抱く「だまされた！」という思いを消すことは容易ではないだろう。だがそのような教師が生まれる背景を、彼は「権力による学校支配」にさかのぼって追究し、今日まで学び続けている。自らの被教育体験における困難を、一教師の問題に矮小化することなく、教育全体の問題として捉え直しているのである。
教育の目的は、子どもたちを既存の社会に適応させることではない。学びをとおして得られたこの確信が、伸の〝肯定感〟の回復を支えているように思う。

4　子育て・教育に望むこと
―子どもへの障害告知―

伸はこれまでの人生を振り返り、これからの子育て・教育に望むことを語っている。その一つが、障害名を本人に伝えること―障害告知―についてである。彼は、自分の障害名について「もっと早く教えてほしかった」との思いから、子ども本人が自分の生きづらさを自覚しているなら障害告知は「早ければ早いほどいい」という。障害名がないことで生きづらさを抱えてきた伸にとって当然の願いであろう。

臨床心理士の中田によれば、発達障害のある本人への障害告知は重要であることは共有されているものの、プラスとマイナスの面があることからその是非については定まっていないという（中田洋二郎『発達障害と家族支援:家族にとっての障害とはなにか』学研　2009　p. 98）。「障害」といえば重度の知的障害や自閉症等を指していた頃、本人の意思表示がないために本人への障害告知はなされないのが通例であった。障害告知のあり方は、意思表示できる発達障害が広く認知されはじめた昨今の新たな課題であろう。

だが子どもへの障害告知は、実際のところ、本人が薬を飲まなければならない場合や「問題行動」をクラスメイトやその保護者に説明する場合など、本人の意思や気持ちに関係なく別の理由で障害を伝えるか否かが決まる場合が多く、子ども本人への影響については周囲の反応によって異なる。

子どもへの障害告知は、伸と彼の妻との関係がそうであったように、身近な人々との関係の中で、障害特性も含めてその子らしさ・その人らしさとして認められているという環境を用意するところからはじめたい。

5　子育て・教育に望むこと
―教師による関係づくりの支援―

「一人でいた方が楽」という伸だが、自ら一人でいることを望んだわけではない。自身の対人関係について「ハリネズミ症候群」を例に挙げ、「近寄りすぎると針で刺しちゃうし、遠すぎると寂しい」と語り、強烈に人とのつながりを求めている。にもかかわらず、上手くいかない。そこに大きな戸惑いや苦しみを抱えてきた。

子ども時代は「知らない間に自分がひどいことを言って、それに自分が気づかなくて、なんとなく他の人たちの態度がよそよそしくなる」ことが一番辛かったと語っている。なぜ周りの態度が変わるのか、そのときに教師から教えてもらいたかったと、伸は訴える。

伸の語りの中には、学校生活を通して友達との関係づくりを支援される機会はなかった。教師としては、学習面で高い能力を発揮していたことで伸の抱える困難が見えにくかったのかもしれないし、彼をリーダーとして位置づけることで集団の一員にしようとしたのかもしれない。だが、教師たちは、伸自身の声を聴こうとしたのだろうか。

今、「権力による学校支配」によって困難の只中にいる教師は多いだろう。その中にあっても、伸のような、見落とされがちな子どもの声に耳を傾けることは大切にしたい。

ヒアリング二〇一八年十二月　（文責　首藤貴子）

16　わが子の「成長したい」思いをサポート

―発達障害的な兆しをのりこえて―

発達障害成人の母　もえ

1　私が母親となったとき

私は、父の仕事の関係で愛知県外からこちらに来て、小中学校とも転校が続き、幼なじみがいない。大学在学中に、ある社会的活動の場ですでに社会人であった夫と出会い、結婚するに至った。夫は、県内のある地域で生まれ育った人で、実家からよそへ出たことはない。古くから続く慣習が残っている土地柄だが、私は夫の両親からも歓迎されていた。

長男のたかしは帝王切開の出産であったが、育てやすい子だった。近くに公園もなく遊べる場所がなくて、姉(長女)にくっついて保育園に一緒に行っていた。姉を真似て「わたし」と言っていたが、小学校に入ると急に「オレ」と言い出したのを覚えている。幼児期に、近所に同年齢がいないため、町が主催の幼児教室にたかしを連れて行った。私がボランティアでその運営に参加する条件付きで。

2　幼児期から学童期へ、わが子の成長と向き合って

たかしは幼い時から言葉が達者で、見たものを表に書くのが大好きで、ポケモンなどもそうして分類をしていた。三歳児の頃、「おしっこ」が言えなかったので私も気になっていたが、ワープロで「おしっこ」と入力し、そこでおもらしをしたこともあった。偏食傾向があり、ごはんと牛乳と豆腐(注記：白いもの)を好んでいた。よく祖父母におんぶをしてもらっていた。

小学校で大きなトラブルはなかったが、一年生から六年生まで、ずっと「片づけができない」と担任に言われた。鉄棒などの運動のバランスは良かった。近くに団地ができて、たかしにも友達ができ、親同士もつながった。高学年になると、甲高い声で女子が行動することにたかしは耐えられなかったようだ。一人称が苦手で、自分を指さして話すことが、今でもある。

たかしが小学校六年生の頃私が入院することになって、結びつきがやや薄くなってしまい、その頃学校で何があったのかについては、正直よくわかっていない。夫が話を聴いて対応してくれていた。

3　中学・高校時代を経て進路選択へ

中学校に入ってからはスクールバスで通った。多数の小学校が一つの中学校に集まったからだが、時折、たかしはバスに忘れ物をして、後で連絡をいただくことがあった。

たかしが言うには「中学校で自分の自尊心をバッキバキに折られた」そうだ。一年生の時、学級代表に選ばれたものの、合唱コンクールなどに向けての心構えなどが全然なっていない、「そんな弱気なことでどうする」などと担任から言われたからだ。このことをたかしから聞いたのはごく最近のことで、たかしが中学から大学を卒業するまでは、私はほとんど母親らしい関わりを持つことができていなかった。

高校は父親の判断で名古屋の私立高校へ進み、理系の特進クラスだったためクラス替えもなく、問題行動を抱えつつも薬学部へ進学することができた。大学での薬局実習で一度パニックを起こし、実習先を変更したこともあり、大学の保健課の勧めで精神科への通院も始まった。たかしは、あいまいな指示語が苦手で、そのことで実習を続けられない状態になったが、クリニックで精神安定剤を投与してもらい、どうにか乗り切った。クリニックには今も通院している。

4　薬剤師として

当時はまず薬剤師の資格を得ることに専念したため、就職活動を始めたのは卒業してからだった。パート扱いで二つの薬局に勤めたものの上手くいかず、現在の職場は三つ目の薬局になる。この薬局の担当の方が、以前の職場での出来事をよく聞いてくださって、直接お会いしたことはないが、たかしの事情には一定程度理解をしていただいている。彼が今日まで仕事を続けてこられたのも、この方がキーパーソンだからだと私は思っている。たかしはこの薬局に勤務するのと同時に、アパートで独り暮らしを始めた。すでに四年になる。週に一回こちらに帰ってきて、一緒に茶の間でテレビを観るなど、やっと普通の親子関係になれたかなと思う。

私のことに少し触れると、たかしが現在の薬局に勤務して一年ほどで、私自身に胃癌が発見され二カ月の入院となり、そのうち一カ月は全く意識がない状態に陥ってしまった。息子にとっても心細かったことと思うが、幸いにも意識を取り戻し、息子は勤務が正規採用になったうえに私も病から復活することができた。

その後も、たかしが旅先でパニックになっては迎えに行くということが複数回あったし、職場で自分に退職を強要されそうな気配がすると言って、深夜に自宅に帰ったこともあった。つい先日は別件で名古屋の駐車場まで迎えに行ったりするなど、不安定さがまったく消えたわけではない。帰宅したときに、パニックになると大声をあげたり、壁を蹴ったりしたこともあったが、私はたかしに「よくがまんしたね」と言ってきた。

5　これからもわが子の自立に寄り添っていきたい

本人には解雇の不安がいつもあるようだが、夫の励ましがあるし、たかしと私の間でもしっかりとコミュニケーションが取れるようになってきている。大学進学の時に、ある受験校が不合格だった時の落ち込み方がはげしかった。「かくあらねばならない自分」というのが強い子で、合格して当然という思いがあったからだ。学校に行くのは嫌だったようで、「行かねばならないから」やむを得ず頑張って行っていた、ということを最近になって、たかしが話していた。

たかしはもともと記憶力がすごく良い子で、いまはクイズ大会にチャレンジすることが趣味になっている。毎週のように各地のクイズ大会に出ている。でもそこで出会うのは同じようなタイプの男性なので、たかしとしてはやはり異性との出会いを求めている。

振り返ると、いろいろの壁を乗り越えてきたが、その歩みを一言で言えば、子ども自身が「成長したい」と思っているし、親としてはそのサポートしかできない。自分としてもその思いでやってきた。そのことは、夫とも一致している。今でも、時々は、海外で医学系研究者を目指している長女も含めた四人で家族旅行に出かけて、仲良く楽しんでいる。

ヒアリングを終えて

保守的な風土、家庭の中で、春近もえ自身が様々な軋轢を一身に受けて病気になり、苦しんできた。感受性の豊かな方なので、自分が大切にしたい考え方や生き方と、その土地柄を背景として妥協しなければならない現実との相克に苦しんできたと思う。そのなかで、子育ての仲間とのつながりができ、さらに自分の思いを表現できる創作活動と出合うことで、自分の足場を取り戻し、心身の落ち着きをみずから保持してきた。

自分にも子どもにも仲間が乏しい中で、仲間を求めて子育てサークルに関わっていくのは、一九七〇年代からの子育てに共通する現象であると見るならば、もえの子育ても、その歴史性が刻まれる一例ともいえる。

聴き取りの中では、たかしの幼少期に、遊具（ブランコや鉄棒）を室内にそろえたことも語られ、「教育的まなざし」で子どもを見る視点が感じられたが、かといって一方的な統制型の子育てではなかった。もえ自身は、子どもを評価的にみる感じもなく、型にあてはめる意味の「〜ねばならない」式の教育観はさほど強くないと思われる。ただ、たかしの父はどうであったか、そこはわからない。

もえが語った、たかしの成長の姿から見えてくることは、中学校の頃、かなりつらい精神的な葛藤があったのではないかと推察される。揺れうごく自分さがしと母親の入院が重なり、たかしにとって家庭が安心できる居場所・依存先ではなくなっていた。その後、父親の意向もあり、薬学を目指して私立高校、大学に進学するなかで、自分の得意分野を生かして自らの活路を見出し、薬剤師になれた。

この歩みは、保守的風土の中の家庭（自分にとって居場所となる空間）と家族（異なる年代と個性を持つ者同士が出会い交わる小集団）を観てきた彼にとって、人生における大切な成功体験となったと推察される。

たかしは、クイズが非常に得意であるが、そのことからも、正解・不正解が明確な対象には自信をもって挑めるが、職場での人との関わりは苦手で、相手の気持ちを読みとり適当なところで合わせながら実務を処理する場面は、彼にとって戸惑いの連続であったし、今も多少はそうであるかもしれない。

その挫折体験が何度もあるので、今も希死念慮や「ごめん」という言葉が出る。そこに彼がいまもなお課題としている対人関係での不安感や自己肯定感の低さが感じられる。パニックを起こしてしまう自分の発達特性を理解し、自分なりにその特性とどう付き合っていくかは、自分で見つけていくしかない。

自立をしていく過程では、他者に出会い、その他者を映し鏡にして自分の特性を理解し、その鏡像的自我をステップにして自分なりの振舞いの柔軟性や社会的広がりを築いていく。そこに生じる葛藤や対立をくぐるに値する場面として経験しながら、自分が自分であることの確かさ、つまりアイデンティティを形成していく。これは誰でも経験する歩みであって、たかしにとってもそうした自分の足で歩み出すなかで獲得することが何よりの力になる。

現代社会は、異質なものや成果を出さないものをすぐ排除する風潮がある。たかしが職場でうまくいかないのは彼の特性というだけでなく、試行錯誤を許さない、キャパシティーの狭くなった社会の投影された職場圏のかかえる問題ではないか。こういう一面も見逃してはならないであろう。

たかしは、もえ夫婦が大切にしている社会的生き方や正義感とともに、誠実で律儀、実直な(ある種の不器用さや頑なさに通じる)側面も持っていると思われる。

いまは、彼は正社員という安定した地位で自らの専門性を発揮しながら、趣味(クイズ)を同じくする仲間とも交流する世界をもっている。一人暮らしだけど月に数回実家に戻るという暮らしのスタイルで、自分なりの生き方を築いていきたいという自覚的な思いが出てきていることが感じられる。

子どもの「成長したい」という願い、その思いを尊重しながらサポートすることは、子どもの意志の尊重と家族という小集団の抱く感情や価値観念、そして本人の社会的な成長課題とのバランスを考えると、親なら誰しも経験しているように実際には難しい。もえ自身も、そのバランスを考え、模索している。決して子どもの先回りをして道筋をつけるやり方ではなく、子どもと共に歩もうとするその生き方全体を通じて、もえは一人の母親・女性・市民としての充実感を味わっているのだと感じた。

ヒアリング二〇一九年三月　(文責　折出健二)

17 困難を抱えた子どもたちと共に

―心のこえを聴き取りながら―

スクールカウンセラー　良子
房江

1　SC（スクールカウンセラー）の仕事

私たちは今、小中学校に年間三百数十時間勤務している。仕事内容は、子どもや親と面接し、話を聴く。子どもにとって必要なことは、学校とも情報を共有する。指導に困っている教師の相談にのることもある。その他、学校の校内研修やPTA主催の講演などもする。

名古屋市はSCを常勤化しているが、メリットとデメリットがあるように思う。SCの転勤が頻繁な場合、「相談活動」がなかなかつながらない。SCの継続的な勤務は、うまくいくケースなら、その子への理解が深くなり、よい影響をもたらす場合もあるが、SCが「職員」になってしまうと逆に難しい場合もあるかもしれない。

2　印象的な子どもとの出会い

Kは、小学校の中学年で出会った子。発達上の問題を抱えていたと今になってわかるが、当時は、現実が混乱し不安などでパニックに陥ると、暴れてしまうこともあった。一時期は別の精神疾患を疑われ、総合病院に入院した。本人と家族にとって、忍耐以外のなにものでもない生活が続いた。

そして、ご家族の努力もあって、あるクリニックにつながり、適応指導教室にも通うようになった。

中学生になって学校復帰し、K本人がSCとも面談できるようになった。時々、自分の気持ちを抑えられなくなると、理解ある先生のもとに行き、つらさや我慢できないことを語れるようになり、「でも、それは仕方のないことかもね」と、気持ちに折り合いをつけられるようになっていった。今は大学に通っている。

Nは、小二から多動、暴力があったので親と面接を始めた。子どもとも、小二〜三年まで、面接をして一緒に遊んでいた。校庭を走り回り、サッカーをした。母は産後うつになり、乳幼児期、子育てを満足にできなかった。学校では発達障害を疑っていたが、カウンセラーとしては愛着の問題ではないかと考えていた。

中二の時に、部活の顧問に暴力をふるったことがきっかけで、やっと病院を紹介することができ、行動が落ち着き、進路も考えるようになった。そこでは、やはり発達の問題は認められないとのことであった。今は高校を卒業している。

3　学校・教員への要望

＊教育にもっとお金を使ってほしい

教員の人的配置に余裕がないと感じることがある。講師の方がその学校に着任していきなり担任になる場合が少なからずある。しかし、その方たちは正規職員と同等の研修の保障がされてはいない。

蟻の世界だって、一番耐久力のある巣は、「普段はゆったり過ごしていて、いざとなった時に、活動する」という蟻が一割ほどいると聞く。あまりにぎりぎりで余裕のない集団は、変化や災難に弱い。

＊発達のことを学んでほしい

小学校では、担任になった先生の関わりでとてもうまくいく場合と、ずれる場合がある。

子どもの発達障害などについての専門知識を持つ、通級の先生が関わったり、担任やSCと連携したりすることで子どもたちが変わってくる。

「ぼくのことを『本当はいい子なんだよ』と担任の先生が言ってくれた。こんなこと言ってくれる人は初めてだった」と、SCに涙ながらに語った子もいた。

＊AIの時代に学校だけが昭和の世界のままになっている

校舎など建物も、教育についての考え方もどんどん変わっていく現代に生きる子どもたち。その子どもたちに対して、あまり学校が変わっていない。今でも学校の和式トイレが使えずに、学校でトイレに行くことを我慢している子がいる。冬の寒い時に暖房もなく、酷暑の夏に冷房も入らない教室もある。

＊授業も工夫が必要な時代（ライバルはゲームや You Tube）

現代は消費社会である。ちょっとした要求に応じて、それぞれの商品が用意されている。それほど必要ないものでも、ＣＭなどで欲望を刺激され、欲しがらせるような世の中になっている。第一次産業が主たる産業であり、自然を相手にみんなで協力して作物を収穫したり、漁をしたりしていた時代や、みんなでドリフターズを見て、翌日には、その内容で盛り上がったりしていた時代とは違う。昔は面白くなくても聞く力があった。個に応じた消費サービスを受け続け、エンターテインメントを提供されることに慣れている子どもたちへの対応は、非常に難しい。

しかし、授業を工夫し、準備するには大変なエネルギーと時間を要するだろうということは想像に難くない。先生にそうしたエネルギーと時間の余裕があるのだろうかと心配になる。

＊学校の「規律」は子どもにあっているか

ワイシャツの裾を出して着ている生徒を「だらしない・反抗的」という見方だけでなく、どうしてそうなるのか考えてみるとよいと思う。結果の分析が科学的でない。

＊不登校の親の会に学ぶ

不登校の親の会は、ゆるい感じである。話し合いをしている途中でいつ入ってきてもいいし、いつ退席してもいい。話したい人は話すし、話したくない人は聞いている。このスタンスが大切である。

学校の先生が入ると、ここはこうしたらどうか等と助言をされることがある。そうなると、「カイ」が「会議」になってしまう。

＊いろいろな子どもへの理解を

中学校は校則があり、先生もそれを守らせるために大変である。緩ませたら・勝手にさせたら…という不安があるのではないだろうか。子どもたちは、そんな中で息苦しさ・生きづらさを感じているように思う。匂いや音に敏感な「ハイリー・センシティブ・チャイルド（ＨＳＣ）」と言われる子もいる。多様な子どもがいるため、その子その子にあった理解をしていただけるとありがたい。

ヒアリングを終えて

1　SCの配置状況

愛知県（名古屋市を除く）
スクールカウンセラー
学校種別配置人数

学校種別	人数
小学校	164人
中学校	244人
小中連携校	61人
高校	54人
特別支援学校	1人
スーパーバイザー	5人

愛知県（名古屋市を除く）
スクールカウンセラー
設置事業費（千円）

年度	予算額
2019	668, 288
2018	666, 355
2017	671, 683
2016	670, 570
2015	670, 840

出典　愛知県HP
平成31年度教育委員会の重点事業新規事業
「児童・生徒の心のサポート体制を充実します」より

2　学校はまだ昭和

「ＡＩの時代に学校だけが昭和の世界になっている」と語ったＳＣの言葉が印象的だった。学校の建物や施設・設備だけの問題ではない。根本的には、学校や教員の子ども理解がなかなか時代においついていないという問題なのである。全国の小中学校で、不登校が年々増え続け、いじめ問題が深刻化していくのが少し理解できた気がする。それは、「学校や先生のことで、何か感じられること・思われることはありませんか？」と尋ねた時、堰を切ったように次々と語られた「学校・教員への要望」に端的に示されていた。

最近、理不尽な校則の存在が問題になっている。黒髪でないといけないとして、「地毛証明書」を提出させたり、下着の色を決めたりしている。また、「学校スタンダード」として、とても細かい規律を定め、子どもたちに守らせ、形ばかりを押しつけている。これは、「統一」ではなく、「画一化」である。

たとえ少数であっても、これらのことに息苦しさを感じたり、違和感を持ったりする子どもたちがいることを、私たちは決して忘れてはならない。ましてや、それらが不登校や「問題行動」につながってはならない。

ヒアリングのなかでは、中学に入学したら入学式でシーンとなっており、そんな中で自分のお腹がグルグルと鳴り、聞こえてきて怖くなってしまったという生徒の話を聞かせてもらった。個々の子どもが持つ事情・背景に思いをはせられる大人でありたいし、そういう学校でありたい。二人のSCの方が語られた「学校・教員への要望」をそれぞれの立場で受け止めなければならない。

3　子どもに寄り添う存在

学校の教員の場合、生徒を担任するのは通常は一年である。一人のSCの方が、小中とずっとその子を担当し見ていくことの大事さが、お話を聞いていいて実感できた。「問題」が発生した時、その子に注目すると、大人はその「問題行動」の原因を探し、どう対処するかだけを考え、短期的に解決しようとしがちである。

しかし、「暴言を吐く」「家で暴れる」「引きこもっている」…などの、いわゆる「問題行動」は、自分では処理したり解決したりできない何かを、ヘルプとして大人たちに発している場合が多い。その「問題行動」の中に、そこで苦しんでいる子どもの、何とかしたい・何とか変わりたいと思っている〝願い〟こそを、大人はつかみ取っていきたい。

学校の教員がそういう努力をしなければならないのは言うまでもないが、どうしても足らない部分が生まれてくるであろう。SCの方たちが学校の近くに・子どもたちの近くにいて、一人ひとりの子どもと濃密に関わっていき、長いスパンでその子に関わっていくことによって、その子の変化や成長を見届けていくことができる。その中でその子への理解がより一層深まっていく。

KやNの場合も、少し見立てが違っていれば、人生が大きく変わってしまいかねない怖いケースだったように思う。子どもが次第に周囲とうまく折り合いをつけられるようになっていく成長のお話は、感動的でもあった。親や本人を直接支えるだけでなく、専門の病院につなぎ、共に歩もうとしているＳＣの存在は困っている本人にとっては何物にも代えがたい存在であったのではないかと思った。

4　ＳＣのさらなる配置を

ＳＣの配置状況は、先に示した通りである。

愛知県の小学生は四一万四千人余、学校数が九七〇校弱。中学生は二〇万六四〇〇人弱、学校数が四二〇校弱である。それに比して、ＳＣの配置が決定的に少ないことは明白である。

県内の各市では、市独自採用のＳＣを置いているところがある。例えば、春日井市では七人のＳＣを配置している（二〇一八年度）。しかし、春日井市には、小学校三七校、中学校一五校もある。その七人が、県派遣のＳＣと共に全五二校を担当している。子どもたちや親たちの相談に応えていく体制を早急に作っていかなければならない。

名古屋市は、二〇一九年度から市立中学校全一一〇校に常勤のＳＣを配置している。ヒアリングした際に語られたように、ＳＣを常勤化すればいいとは単純には言えないかもしれない。常勤化すると、子どもの実態に合わせて担当を変えることが難しくなる場合が出てくるからである。また、ＳＣが「職員」になってしまい、学校（教員）の代弁者になってしまってはいけない。そうではなく、子どものために学校（教員）に対しても直言できるようでなければならないであろう。ＳＣが子どもたちに形式的に関わるようになることを回避したい。そのためにも、ＳＣの事例検討会を重ねて、深い研修を保障していく必要がある。様々な困難を抱えた子どもたちの多さを考える時、ＳＣの配置を早急に増やしていくことは緊急の課題であるように思う。

ヒアリング二〇一九年五月（文責　鬼頭正和）

第六章　子どものサインを見逃さず

― 貧困・虐待 ―

18

貧困の連鎖をくいとめる

―子どもたちの生活に寄り添って―

無料塾スタッフ　幹恵

1　学習支援事業（無料塾）

学習支援に入って六年目になる。ほぼ一対一で勉強を教えている。中学生十二名、スタッフ八名（スタッフ登録二〇名）である。

入所できるのは、原則として中学生であるが、きょうだいの小学生も一緒に通っている場合もある。行政から該当家庭に通知され、その中の希望者が入級する。親が強制的に連れてくる場合は長続きしない。中学を卒業して高校生になっても、一〇名ほど通ってきている。

学習の時間は、一回二時間で週二回ある。開所当時の生徒が、昨年高校を卒業した。進路先は公立一二名、私立五名、通信制二名である。高校生になっても、困ったときに相談したり、試験勉強をしに来たりしている。推薦で大学を受験するため、苦手な英語の勉強をしている子もいる。安定した収入が得られるからと、看護師養成所に通って、看護師を目指している子もいる。他にもふたり看護師を希望していたが、難しいからとあきらめた。

食事のことを聞いていると、焼きそば、ラーメンなど一品だけがほとんどであり、やせていて、親がきちんと食事を作っていないようである。だから開所時から、ご飯を炊き、子どもたちにおにぎりをつくらせている。私たちが提供しているおにぎり一個を夕食としていた子もいた。十分食べることができていない子どもたちの実態から子ども食堂が始まった。

2　子どもたちの実態

来級してくる子どもたちの保護者は、外国籍が多く、市営住宅に住んでいる。仕事は分からない。病気で働いていない人も多い。母がフィリピン人で、父は日本人という家庭が多い。家庭ではタガログ語、学校では日本語を話している。タイの子もいる。市は、日本語を母語としない子のための言語指導教師を全市で若干名配置している。そのうちの一校がここの地域である。

子どもたちは毎日同じ服を着ていることが多く、食事をきちんと摂れていない子が多い。母がフィリピン人で、彼女の子どもが不登校になったときに、母国に連れて行き、元気を取り戻して帰ってきた。しかし、日本に帰ってきたら教室ではなじめず、また不登校になってしまったということがあった。また、フィリピン人の母、兄、妹二人の四人家族で、兄が荒れて二人の妹に暴力を振るうようになり、母と妹がフィリピンに帰り、兄だけ親族に預け、置き去りのようにされたケースもあった。

夜も働いている母が多く、連絡を取り合うために子どもがスマホを持っているが、受験の時に使う時計を持っていないこともあった。

中学生はなかなか語ろうとしないが、小学生は何でも話すので、例えば母がフィリピン人のある子は、「〇〇がお腹にいる時、お母さんが酒場で働いていた」などと話し、家庭の事情がよく分かることもあった。

また、卑猥な言葉で盛り上がっている小学生たちに、どこでその言葉を知ったのか尋ねると、スマホから得た情報であった。そういった言葉を戒める大人がいない状態である。

3　ヤングケアラーの律子

律子が無料塾へ来たのは中三だった。七人の兄弟である。一番上は二〇才の兄。小五の妹は施設にいた。その子は「私のお父さんは誰かわからん」と言っていた。小三の弟の父は死んだ。小一の妹の父は、誰なのかがわかっていない。その下に保育園児、一番下の弟は一才である。現在その父と同居し、子どもたちはなついている。律子はそんな環境で生活していた。弟を保育園へ、送迎したり、お弁当を作ったりするのは彼女の役目であった。七人の子どもを産んだ母は病気になり、子どもの面倒がみられず、精神科へ通っている。通院するときは、家族中が付き添って行く。律子が一歳の弟を児童館へ連れて行き、そこでおむつを換えていたことがある。その家庭には、市からのサポーターが入っていた。

律子と一番下の弟の父である現在の同居人とは血縁関

係はない。元暴力団関係に近いところにいた人のようである。運転ができ、電気関係の仕事をしているようであったが、身体に不自由なところがあり、律子が足を拭いたり、靴下やズボンをはかせたりしていた。その同居人から、殴られたことがあると言っていた。

律子は夏の制服が汚れてしまったとき、替えがないので、夜洗って乾かして着ていく生活をしていた。無料塾のスタッフが手分けしてお古の制服を探したがなかった。そんなこともあって、学校にはあまり登校せず、勉強はできず、先生を頼ることもできなかった。

自分のことをあまり語りたがらない律子であったが、小学校低学年の時に、施設に入っており、どこかの親戚でもない家にもいたということがわかった。その間の一年ほどは学校にも行っていなかったようである。家族みんなで同居できるようになった時に、初めて妹の存在を知ったという。みんな母の子であるが父は誰かわからないという。

律子はほとんど小学校にも通っていなかった。テストでは一桁の点数しか取れず、同級生からも馬鹿にされ、学校生活にいい思い出がないという。下の子の面倒をみるために無料塾を休むことがあったが、高校受験の前には下の子を連れて塾に来て勉強していた。そんなときは私たちが下の子の面倒をみていた。定時制を受験したが、定員割れにもかかわらず合格しなかった。

律子はバイクの免許を取得することを希望しているが、読み書きができないので難しい。免許を取得するために、中学を卒業したので本来は無料塾には在籍できないが、それ以降も無料塾に来るよう声をかけた。

十八歳になった今、すでに四人のボーイフレンドとの関係を私たちに話してくる。その会話のまわりでは、小中学生が勉強している。

ヒアリングを終えて

1　無料塾の果たす役割

劣悪な環境にいる子どもたちの支援として、無料塾の果たす役割は大きい。

夏休みには昼ご飯を用意して、塾が開かれる。それが、その日最初に口にした食べ物という子もいる。食の確保に至ったのは、目の前の子どもたちの実態から動かされたものである。一緒におにぎりをつくることで、家庭に帰っても調理ができるようにと、自立を目指したものである。

幹恵たちスタッフは簡単な四則計算や漢字からスタートし、定時制高校受験の対策をしている。子どもたちは困窮生活の状況を幹恵たちに話せている。話すことで、自分たちの生活を客観的に見る力になっている。一人一人の子どもの人生にとって大きな影響を与えている。

2　生活困難な子どもたちに学校は

子どもの権利条約二八条に、「すべての児童に対し、教育及び職業に関する情報及び指導が利用可能であり、かつ、これらを利用する機会が与えられるものとする」とあるが、果たして保障できているだろうか。

社会で弱い立場にいる子どもたちにとって、学校の壁は高い。学校はこういう子どもたちが何に困り、どんな支援を必要としているかをつかんでいない。多くの学校は制服を何着か保管している。しかし、律子は学校に「制服がない」と言えるだけの関係をつくれなかった。

中学一年から不登校になった洋子に、「高校受験では不登校枠があるので、学校に聞いてきたら」と無料塾のスタッフが助言した。すると、担任からは書類をポンと渡され、「明日までに、持って来い」と言われた。書き方の指導はない。母はフィリピン人で日本語が読めず、洋子は書く力がない。その状況を担任は想像することができない。洋子は、暗い顔をして無料塾へ来た。

このように不登校の生徒は定時制受験の指導を受けられない状況にある。無料塾で受験のための学習指導も受験票の書き方もていねいにみてくれるが、ここにも来ることができないたくさんの子どもたちは、どうしているのだろうか。中卒で社会保障も十分でない建築関係やコンビニなどで働くしかない状態を想像する。

また、不登校生徒を学校は「存在しない者」として扱っているようにみえる。学校には行っていなかったが、貧しく家族旅行などしたことのない幸子は、無料塾で話題にあがっていたディズニーランドへ行きたいと、希望をふくらませていた。生活保護家庭のため、修学旅行の補助金は市から支給されるので、行くことは可能であった。しかし、登校していない彼女には修学旅行の説明会の日程も学校からは知らせが来なかった。地下鉄に乗って近隣へ出かけるといった体験も少ない幸子にとっての修学旅行は、どれほど大きな夢だったか。長期間学校へ来ていない子というのは、こうして、ひとつひとつ教師の注意が払われていない状況におかれている。

市の適応指導教室はあるが、生活していくことが困難な親のもとには、そうした情報が届いていないし、遠くて通わせることもできない実態である。

3　生活困難な子どもたちの心のケアを

一〇名ほどの無料塾で、三、四名の児童福祉施設入所体験がある。「ぼくは親に捨てられた。早く家を出たいから定時制に通う」「あそこは、今の家よりもよかった」「あんなところは二度と入りたくない」、こんな話題が日常的にある。施設から家に帰ったら、初めて出会う自分の妹がいたという話もある。「私が面倒を見てきた、妹の寝返りは分かったけど、乳児院にいた私の寝返りは、いつなのか誰も教えてくれない」と話す子どももいた。学校へ通って勉強をするというより以前に、文化的で最低限度の生活を保障されていない子どもたちである。

「自分が大切な一人の人間である」という実感が持てる心のケアが必要である。

4　夢をもてない子どもたちの姿

看護師をやりたいと思ったり、バイクの免許を取りたいと考えたりしていても、無料塾に来る子どもたちにとって実現への道のりは遠い。学校に行けていないが、「せめて漢字を読めて、書けるようになりたい」と思っても、継続できずに諦めてしまう。継続できるだけの支援がない。学力や財力がなくとも平等に手に入れることができるのは、ボーイフレンドやガールフレンドを持つことである。卑猥な話で盛り上がってしまう環境にある子どもたちは、律子の母のように次々と子どもを産み、生活困難な道をたどる危険性をもっている。将来的に不利益を被ったりするおそれがないようにとの趣旨でたちあがった学習支援事業は、その数も増え、画期的ではあるが、まだまだ問題が山積みである。

5　性教育の大切さ

二〇一七年第四〇回日本産婦人科医会性教育指導セミナーで、十五才以下の中絶が年間、一五〇〇件余、出産が、五〇〇件余もおこっているという報告がされている。

一九九八年からの文部科学省の小・中の学習指導要領では、発育、発達の基本的な学びが中心で、妊娠の経過に至る学びはまだ早いために取り扱わないことになっている。小学生では、五年理科で、「卵の中に精子が入ってくることを受精という」と説明が書かれ、子宮の中の赤ちゃんの話に展開されていく。

現実の世界の子どもたちは、性に関わる生活の中に放り出されている。人権を基軸とした正しい性教育をもう一歩踏み出してもいいのではないか。

また、海外と比べて、日本は女性の意志で使える避妊方法が少なく、女性の自己決定権が制限されている現状がある。望まぬ出産で貧困に陥っているケースもある。

【コラム】

無料塾

国の生活困窮者自立支援法に基づき、「学習支援・居場所づくり・家庭への支援」を目的として、二〇一三年度より、生活保護家庭の中学生対象のモデル事業が名古屋市の中村区・中川区で始まった。

北区では二〇一四年度から医療生協を中心に、味鋺と平安通の二か所で始まった。一か所につき、市から年間三〇〇万円の補助が付く。支援員はそこから一回、三二〇〇円と交通費を得る。名古屋市中学生の学習支援事業は名古屋市全区で一五〇か所で行われている。

性の実態

中学生のデート経験率は一九八七年以降上昇が続き、二〇一七年では過去最高の水準で、女子が男子よりわずかに高く、四人に一人は経験がある。中学生のキス経験者は一九八七年の調査開始時には男子で約六%、女子で約七%だったが、二〇〇五年時点までに男女とも約三倍になった。二〇一七年では下がってきている。中学生の性交経験率は一九八七年の調査開始以来、常に五パーセントを下回っている。二〇一七年の調査では男子が四%、女子が五%で、女子中学生は二〇人に一人、男子中学生は二五人に一人、女子高校生は四人に一人、男子高校生は七人に一人、大学生ともなると二人に一人となっている。（日本性教育協会「青少年の性行動全国調査」二〇一七年）

ヒアリング二〇一九年七月　（文責　丹下加代子）

19

虐待からの立ち上がり

―癒やされる過程を―

被虐待の成人　美樹

1　傷つき合うことであがいていた父母

私の父は在日朝鮮人で、少年期と青年期に二度、父に捨てられ、親戚の家で育った。家具屋の大家族で養母に育てられた母。私の父母はいつも殴り合いのけんかをし、それは戦争状態だった。ソファーの皮が引き裂かれ、電話機がばらばらに壊れていたのを私が片づけていた。押し入れで怯えて隠れていた弟を「大丈夫」と抱きしめ、血だらけの母のブラウスを洗った。土下座して父に謝っている母の顔が見えた。馬鹿じゃないのこの人は。謝っといてやるわ。いつか復讐してやる・・という表情だった。父母は共に三十四歳の初夏に母を亡くしている。そのせいか、父母のけんかは毎年初夏にとてもひどくなっていた。最近、私は男がやくざのように怒鳴り散らし、女が金切り声をあげた場面に遭遇した。半世紀も過ぎたのに、当時の父母のことが頭をよぎり、震えが止まらず、歩くことができなかった。

2　殴る父を理解したいと考えていた私

殴ってくる父に対して私は恨んでいない。殴られるだけの理由があったと思っている。例えば、映画館へ行って、ジュースを飲みたいと父にねだりお金をもらったが、店員に物言えず、買えなかった。すると、途中から映画館を出され、「そんなことでどうやって生きていくんだ」と父に思いっきり殴られた。高校の部活で暗くなって帰宅したときにも、「こんな時間まで学校に留めているなんて、学校は何考えてるんだ。今からでも乗り込んでやる」と言って、殴られた。

一方で父は、母に代わり、私を抱っこしたり、おんぶしたりしてかわいがってくれた。すさまじいけんかのあと、父に「母さんと別れる」と言われた時、私は「お父さんはそうしたいんだね」と答えていた。父が感情的になっていくことがかわいそうと思っていた。

私が高校一年の時、弟を殴った父が指を骨折した。それ以降、殴らなくなった。

3　「本当に嫌な子」と母に言われた

父からの暴力や祖父の介護、実家から縁を切られているなどで大変だった母から、「夫婦関係がうまくいってない」「孤独だ」「寂しい」と私は聞かされていた。「私はこんなに搾取されて我慢しているのに。お前はがまんしない子だ。本当に嫌な子だ」とも言われ続けた。母は私に冷酷な扱いをしながら、私に保護されたい感じだった。

五十歳を過ぎた頃、父母は四国のお遍路の旅にでた。一緒に歩いてくれない父に文句を言いながらもご飯を食べ、くたくたになって歩き続け、海を眺め、山を見、そこで心が静まったのか、二人とも随分と変わって帰ってきた。

ふたりは現在七十歳も過ぎ、暴力も非難もしてきたけれど、深いところで分かりあっているようだ。

4　空想の世界に逃げていた私

父母は、二十歳ぐらいの住み込み従業員の男に留守番を頼んで、一か月に一度、家を空けることがあった。本を読んでもらったり、話をしてもらったりし、楽しかった。でもある時、一緒に本を読んでいるときに異常に近づいてきた。ただの「よしよし」ではなく、私を触り始めた。「これを知られると一緒に遊べなくなる」と男に言われた。誰にも言ってはいけないと思った。

父母がいつもけんかをし、父に殴られている母を見、自分は静かにしなくてはと思ってきた。騒ぎ立てて、家の中に問題を持ち込んではいけない、ぶっ壊れないように静かにしていなくてはいけないと息をしていた。私が二歳の物心がついた頃から、お金がなくて困っていたので、あれが欲しいこれが欲しいと言わずに我慢することが自分の中のルールになっていた。いつも空想の世界で自分を慰めていた。

「よしこちゃん」という友達を空想の中でつくり、不思議なファンタスティックな世界を絵に描いていた。近所のリアルな現実の友達のもとへ「よしこちゃん」と一緒に入れてもらい、遊んだつもりになっていた。小学一年の時、勉強はできたが、友達はおらず、誰とも話をせず、本を読んで逃避して、ぽーっとしていた私を多分担任は問題児だととらえていたと思う。

5　死に立ち会うことに限界を

母の「自立して稼がないと」という勧めで看護師になった。十八歳で寮に入れた時はほっとした。

看護師は考えていた業務と違い、何度も死に立ち会うことになり、エネルギーが枯渇しかけたが、人を助けることの価値観を確かめたくて、何年かして看護学校の教職に就いた。ＣＡＰＮＡの活動に加わり、そこで夫と出会った。結婚はできない、争うだけ。うまくいかないと思っていたのに、ＣＡＰＮＡという場で、鬱で生活能力のない夫だからこそ、自分のことを語ることができた。心の中で、従業員の男にされた「仕返し」ができ、自分は超えることができたと思えた。

結婚して娘を授かった時点から、夫は酒浸りになり、娘に会わなかった。怒った父は、出産で入院している枕元に離婚届を持ってきた。それ以降私の娘は父に会えていない。その後、ＣＡＰＮＡでさまざまな虐待の被害者と話をする中で、自分を省みることができた。人はきっと「体験」から醸し出すオーラを発している。私が病室を見回って「困ったことはありませんか」と声をかけると、面識のなかった人が自分の過去を語りだす。私の自宅には、ドイツ人、中国人、アメリカ人、愛を求めるさまざまな国の人たちが寄ってきた。そんな中で中国人のキリスト教の牧師の家に娘とよく出掛けた。それまでは、私自身が母親として、娘をぬいぐるみのように抱きしめそうで怖かった。そこは愛に満ちていて、怒鳴らなくても静かに生活が営まれていた。そんな環境に娘をおくことで、彼女は自然な愛情のつながりにふれることができた。

（文責　丹下加代子）

ヒアリングを終えて

1　児童虐待とは

児童虐待は、養育者が子どもの成長のために使うべき経験や体力・感情などを乱用して、子どもを自分の支配下に置く行為である。それは、子ども期を生きる当人の幸せを壊す行為である。その最悪の事態が、子どもを死に至らせる虐待死である（注記）。

英語圏では、この問題をChild Abuseと表す。Abuse　つまり力の異常な行使であるからには、それをまっとうな行使の姿に変えることで支配と暴力の加害性は変えられる、との考え方がそこには刻まれている。私たちの使う「虐待」は、相手をいたぶって遇する（あつかう）の意味で、加害の行為＝悪とみる表現である。だから、虐待＝犯罪性のニュアンスが強く、その疑いがあるとして児童相談所（以下、児相）の職員が立ち入ったときに必ず当の親は「しつけだ。虐待ではない」と強く反発する。

加害者の心理への対処は依然として難しいとされるが、美樹の話から、間接的ながら父親の葛藤も見えてきた。

2　話者の被虐待体験の特徴

美樹の被虐待体験は、実父から実母への暴力の目撃、自分への暴力（身体的虐待）、そして雇人の若い男による性的接触が重なっているもので、それが少女期の前期に刻まれた点に特徴がある。

四歳下の弟にも父の暴力は影響した。押し入れの中で怯えていた弟はその後も、中学一年の頃まで殴られたようだ。彼の心的外傷がその後どのように癒され回復していったのか（そこにはどのようなジグザグの歩みがあったのか）も大事な物語に当たると筆者は思うが、ここではそれ以上は立ち入らないでおく。

ヒアリングで美樹はとても重要なことを語った。それは、家計のことでもめてケンカする父母を何度も見てきて、「子どもである自分がさわぎ立ててはいけない」と言い聞かせたことだ。だから、男からの性的な接触も親には黙っていた。「言わない、さわがない、がまんする」。これが当時の自分なりの生き方であったと美樹は語った。

虐待を受けている疑いのある子が、児相職員の前では親にくっついて離れないことはよく聞く。自分が何かの言動で（虐待の加害性のある）親を刺激してはいけないことを子どもなりにわかっている。だから、一般的にも、繰り返し殴られてきた当人が、外では親と「仲良く」手をつないで行動したりする。それを愛着問題と片づける傾向があるが、美樹の語りは、もっと深い、子ども自身の自己防衛の心理だと教えてくれた。

3　空想の友達と共に生きて

次に、「よしこちゃん」という空想の友達との付き合いが長く続いた件は、被虐待児に見られる解離反応の一種といえる。現実の自分とは全く違う自分、その相手役の他者像をいつも思い、その関係性に支えられて、つらい環境を乗り切るのである。「逃避できる世界が欲しかった」という彼女の言葉が真実を物語っている。

児童虐待に正面から向き合い、たくさんのサバイバー（生き延びた犠牲者）の声を聴き取ってきた精神医学者ジュディス・L・ハーマンは、被虐待児特有のこの思考を「ダブルシンク」と呼んだ。父から性的虐待を受けている女児が、その瞬間、部屋の天井のあたりから、それは自分に似た人形がされていることだと離れて見つめて自分を防衛することを「ダブルシンク」は表している。美樹の場合、若い男にそこまでの侵入をうけたわけではなかったが、繰り返しＤＶの目撃現場にさらされるなかで、自然と、安心して心を預けられる「よしこちゃん」を創り出したのだと考えられる。

4　母親になって

友人の勧めで、美樹は娘さんが幼児の時、キリスト教の信仰の道に入った。牧師との交流も増えた。聴き取り記録の最後の場面で、夫婦が怒鳴りあわなくてもいい生活を身近に体験できたというエピソードが語られるが、牧師との出会いの意味を示唆している。信仰の教えが、「あのケンカをした父母も神の被造物である」「わが娘もいずれは手元を離れて神のもとに捧げる身である」というように、美樹の家族認識の大きな転機につながったという。被虐待体験のあるひとがすべて信仰の道に入るわけではないであろうが、絶対者のもとで自分をありのままに受容してもらいたいという欲求は人一倍強いであろう。

被虐待児は、「自分が生き延びられる戦略を学んでいる」（美樹）と言う。その意味で虐待を受けてきたどの人も「タフである」と美樹は言う。この「タフな」生き方の延長にある、美樹にとって最高の姿が信仰の道に入ったことではないだろうか。

本稿の筆者は信仰とは無縁だが、それでも若い頃に聖書を読み、親鸞の『歎異抄』『教行信証』、道元禅師の言葉などを読んだ。それは、何か絶対者からの導きを知ってそれを支えに今の自分の迷える姿を脱したいという欲求があったからであろう。美樹の生き方は、まさにそれを決意し、実行し、その道を生きようとしている。その真摯な姿にはリスペクトをはらいたい。

虐待を受けている子どもは「その症状が言葉である」（美樹）。その人がなんとか苦難を生き抜いて、成人して我が生い立ちを客観的に見つめる言葉を得たいと欲した時に、誰しも、絶対者に抱擁される真実の言葉に出会いたいと思うのではないだろうか。身も心も壊された被虐待体験があるからこそ求める、その人らしい自己再生の世界があるにちがいない。何年生きるかも大事だが、揺れながらも何に向き合い・どう生きるかが、個人の人生の真理なのである。

【注記】折出健二「児童虐待の構図とその対応の連携ネットワークについて」あいち民研『年報第二七号』二〇一九年、二〇～二八頁。

ヒアリング二〇一九年八月　（文責　折出健二）

補章　子どものリアルから見えてくるもの

20　子どもと学校のリアル

―活動から見えてきた―

スクールソーシャルワーカー　早川真理

1　はじめに

近年、子どもの生活環境の多様化や発達課題の複合性が深刻さを増し、子どもの権利擁護の見地から家庭と学校をつなぎながら事態の改善にあたる専門職者スクール・ソーシャルワーカー（以下、ＳＳＷとする）の仕事が注目されている。文部科学省も学校教育法施行規則の一部改正で、その職種を学校の職員に加えた（二〇一七年三月。施行規則第六十五条の三）。愛知県内ではまだその専門職者の配置は少ないが、活動自体はしだいに重要性を増している。

こうした状況で、長年この分野で活動してこられた早川真理さんの講演内容をここに収めることにした。事前に、早川さんには民研ヒアリング企画の主旨を了承していただき、また主宰者の愛知県養護教諭サークル「てのひらの会」にも了解をいただいた。講演は二〇一九年二月、イーブルなごやにおいて行われた。以下はその要旨である。

2　この活動に参加したいきさつ

私（早川）は二〇一三年から三年間、ＳＳＷの現場で活動してきて、現在、そのスーパーバイザーとして活動している。

二〇〇八年からＳＳＷの活用事業が始まったが、私はその六年くらい前から学校現場にＳＳＷがいればいいのにと思ってきた。そのきっかけの出来事は、外国籍の子どもたちの支援のＮＰＯ法人活動に参加していて、ある子どもが中三の三学期で学校を辞めたことである。「学校に行きたくない」と言ったら父親は仕事を見つけてきて、学校に「辞めさせる」と言い、それで終わったという。学校も子どもの話を聴かないままにそれを受け入れたようだが、そのことに疑問を持った。

ちょうどその時に、ＳＳＷの協会組織があることを知り、その仕事に興味を持った。ＳＳＷがいれば、その子どもを救うチャンスはあったかもしれないと考えた。

学校現場を見たいと思い、Ｔ市で二年間「心の相談室」

で勤務し、発達課題のある子どもが教室に入れないでいることを体験した。そのあと「子ども虐待防止ネットワークあいち」の事務局スタッフをして、その後、愛知県立大学のある先生の研究活動の一環で、ＳＳＷとして二〇一三年にＮ市に配属になった。

元は専業主婦だったが、子どもが成長した後に子どもの支援の活動に関わりたい気持ちから、前述の「ネットワークあいち」の電話相談員になった。

電話をかけてくる方は、私を専門家と思って信頼してかけてくる。一年半の養成講座を受けただけの自分がこのままでいいかと問い直した。それで愛知県立大学教育福祉学部の社会福祉学科に社会人入試を受けて、入った。

社会福祉の卒論の一環で、先ほどの外国籍の子どもたちとも関わった。今は、もう少し深く学びたい思いから、同大学の大学院でＳＳＷのスーパービジョンのことを学んでいる。

3　活用事業の背景

ＳＳＷの活用事業導入の背景には、学校の中で起きてくる子どもの問題が複雑化、深刻化してきて、子どもだけに対応していたのでは解決できないこと、先生方だけでは対応できないことがあった。

文科省がいうＳＳＷの仕事内容は、問題を抱える子どもの支援のために関係機関の連携・調整、支援体制の構築、保護者・教職員の支援・相談等にあたることとされている。

ソーシャルワークの基本的な価値は、社会正義と人権にある。しかし、文科省のＳＳＷの職務内容では子どもの権利擁護に触れていなくて環境調整だけがあがっている。その環境調整が子どもの権利保障につながるところまでは書かれていない。

4　子どもの権利擁護

不登校の例では、先生方は学校へ来るように働きかけをしていく。そのことが子どもにとって本当に良いことなのだろうか。本当に疲れ切ってしまって学校に来るのが困難な時に、頻繁に働きかけをすることが子どもの利益にかなっているとは思えない。休息が必要である。

この時ＳＳＷが入って「子どものエネルギーが回復するのを待ちましょう」と言うと、先生方と合意できればいいが合意できない場合、ＳＳＷは子どもの権利擁護の立場に立つ。先生方に反発されないように、ゆっくりと働きかける。ときどき子どもの思いが置いてきぼりになって支援計画が立てられることがあるが、やはり子どもの権利擁護が大事だと思っている。

愛知県では（講演時点の）いま、ＳＳＷは三十五人が二十二の市町で活動している。その有資格者を見ると、教員免許取得者が一番多く、同時に社会福祉士資格を持っている方もいる。文科省は社会福祉士、精神保健福祉士を採用要件としているが、これに準ずる形で採用されている。全国では、元警察官がＳＳＷとして活動している例もある。

5　ソーシャルワークの専門性と活動の視点

「ソーシャルワーク」というのは、価値を基盤に知識と技術を使ってソーシャルワーク実践をすることを意味する。その価値は社会正義と人権であり、子どもに関しては「子どもの権利条約」が加わり、子どもの「最善の利益」のために働くことがＳＳＷの基本理念となる。

問題を抱える子ども、非行傾向のある子どものケースがあがってくるが、ＳＳＷとしては、「その子がそういうことをせざるを得ない状況に追い込まれているのではないか」と見る。「悪い子だから」「親のしつけだから」「悪い仲間がいるから」ではなく、「どうしてそうしなければならなかったか」という、その子の抱える事情を見つめていく。問題行動そのものが支援・サポートを必要としているサインだと見ていく。

子どもを見る場合にまず、子ども自身の特性があり、その特性と本人や周りの人たちがどう付き合えているかを見る。その子の発達上の特性からくる課題を必ず見る。次に、家庭内、学校、地域の人間関係、生活環境はどうかを見る。問題を抱える子どもは、他者との関係性で摩擦が起きていることがある。一番大きいのは、家庭内でその子がどう生きているかである。

例えば、両親と子どもの四人家族で経済的にも安定している家庭があるとする。親は感情的にならずにきちんと話ができる。だけど、子どもが問題を起こしている場合、先生方は「あんなにいい家庭に育っているのに」と見られがちだが、ＳＳＷは、その家庭の人間関係を見る。両親の仲が悪いと子どもに影響するし、きょうだいが比較されて育つと、ストレスを感じてひずみが生まれる。あるいは同居人のおばあちゃんとお母さんがうまくいっていない場合、子どもが間に入って「潤滑油のような」働きをさせられる。するとその子にはいろいろの問題が起きてくる。このようにＳＳＷは家庭内の人間関係を重視する。子どもがどういう生活をしているかを子どもから聴くこともあるし、先生から聴くこともある。

クラスの中でその子がどうしているか、友達関係はどうか、いじられているのか、通学の分団はどうかを見ていく。先生との人間関係もみる。地域性も重視する。親の学歴が高く収入も一定程度ある地域の場合、親が心理的に影響を受ける面もあるので、その地域がどのような状況かを見る。

6 「困った子」は「困っている子」

次に、ＳＳＷとして気を付けるのは、先生と子どもの関係である。先生との関係性が要因で起きる問題行動について、先生同士では話しづらい点もあるので、ＳＳＷが先生と話すようにしている。

「困った子」がいた場合、その子自身が「困っている」ことはないかという視点で当たる。

同じように「困った親」は「困っている親」として見る。「何度（家庭に）連絡してもつながらない」「困った親だ」と先生方は言うが、そういうケースにSSWが入った場合、母親の状態を見ていく。母親は深夜二時から五時まで働き、家に戻って仮眠をとって、子どもを朝送り出して、また昼から仕事に行くというダブルワークをしている。このケースの場合、深夜は時給がすごくいいので深夜に働いている。離婚した夫の借金も返さなくてはならないからである。この場合、「どうしてもっと子どもの面倒をみないんだ」と学校の先生に言われても、親は余裕がない。親の生活現実を見ることが大事だ。

ＳＳＷが親と話すときは、必ず「困り感」を理解するという姿勢で話す。ケースに上がる子どもの場合、何らかの困難さを抱えている。

7　困難な子どもにどう向き合うか

子どものことだけ、親のことだけやっているとケース全体が見えなくなるので、ＳＳＷはアセスメント（子どもの生活環境全体のリアルな評価）を重視する。個別の子ども、子ども集団の周りに大人がいて、ＳＳＷがいる。さらにその周りに様々な社会資源（人材・機関・団体等の総称）がある。一つのケースを解決するにあたって、どこに働きかけると相互作用が働いてケースが動いていくかという視点で見ていく。家庭に働きかけるか、学校に働きかけるか、あるいは先に地域に働きかけていくのがいいか、支援全体をどうするかで見通しを立てる。環境全体を見ることがとても大切になる。

学校の環境・雰囲気はそこに生きる人たちが影響している。ＳＳＷとしては、その環境との接点で摩擦が起きていると考える。困難を抱えている子どもはみずからその環境に働きかけて変えていけるように支援する。ＳＳＷは「こうしたらいいよ」とアドバイスするのではなく、本人が困難をみずからの力で乗り越えていけるように支援する。支援の気持ちが強いＳＳＷが支援すると、全部やってあげてしまって、本人は黙って座っていればいいという状況が起きてしまう。これでは本人に力（対処能力）が付かない。

これは、エンパワメント（本人の力を引き出す）とストレングス（その子のもっている強み）の視点としてＳＳＷは大事にしている。「問題を持っている」という場合、その人の悪いところ・欠点ばかりを見てしまう。そうではなく、本人の持っている「長所・強み」を見ていく。

ＳＳＷの役割は社会資源をつないでいくことにあるが、社会資源がない場合にはそれをつくることもする。また、本人や家族の言いたいことの代弁をしていく。

スクールカウンセラー（ＳＣ）との違いは、ＳＣは部屋で、一対一になってしっかりと話を聴く。ＳＳＷは人と人との間を動き回って、学校、地域、連携機関全体にわたってつなげていく役割をする。ただし、メンタルなケアが必要な時には、ＳＣにつなげる。

8　支援対象の捉え方

ＳＳＷの支援対象は、子どもであり、子どもの「最善の利益」を最優先に考える。環境調整の観点からは、保護者、教職員、学校組織そのものも対象になる。学校の中でチーム支援の体制をつくることも、ＳＳＷの働きかけの一つになる。

その意味でＳＳＷには学校理解が不可欠である。違う分野でやってきた方は、学校理解について学んでから学校に入らないとうまくいかない。元教員のＳＳＷの方で、とてもうまく学校と協働できている例はたくさんある。半面、若い先生を指導してみるなど、やり過ぎではないかということも中には起きている。

学校の場合、子どもから相談が来てケースが始まるのは稀で、先生方から「困っていることがある」という相談がきて始まることが多い。ケースが始まると、関係者からまず話を聴く。必要があれば、本人、保護者の話も聴く。ケース会議の前にＳＳＷは得た情報を整理する。

アセスメントシート（生活の状況、本人の特性などを具体的に記入する。支援計画の基本情報になる）は、ＳＳＷが作る場合も、先生が作る場合もある。このアセスメントシートを基に、ケースの目標を設定し、役割分担を話し合う。これがケース会議（約一時間）である。このケース会議で共有した支援について、それがどうだったかを報告する。必ずこの「振り返り」の会議を持つ。ここで当該ケースを終結していいかどうかを協議する。継続する必要がある場合には、継続支援のケース会議（約三十分）を持つ。その実施後、また「振り返り」を持つなど、繰り返していく。

学校は外部が入ることへの拒否感があると感じることもある。それでも私は学校から切られないように、学校を否定しない。針の穴のようなところから変わっていく（崩れていく）と信じている。ひとりだけの情報ではなく、いろいろな人の情報を集め、記録に残し、こんな状態なのにほかっておくことは大変な事態を生むということを粘り強く訴えていく。

私たちは子どもの「最善の利益」のために活動していく。子どもは与えられた環境の中でけなげに生きている。どんなに悪態をつく子であっても、その子の生きていく姿に感動する。大人は子どもの気持ちを聴いていない。何が起きたのかを聴くが、その子がどんな気持ちだったのかを聴いていない。子どもに対してその行動から「わがままだ」と言うが、子どもの気持ちは「不安」である。それを取り除かなければ先に進めないのである。

子どもたちにとって、安心して話せる人、安心できる場所、安全な場所が必要であると強く思う。

早川講演に学ぶこと

ＳＳＷの活動に寄せる早川さんの思い・情熱がひしひしと伝わってきた。

一つには、早川さん自身が出会った子どもたちの実態から子どもの権利擁護について「問い」をいだき、その探求に打ち込んできている。二つめに、早川さんは実践家としても研究熱心であり、ＳＳＷの仕事を客観的につかみつつ、子どもの理解と支援の何が必要かという探究の主体性においては非常に鋭いものを持っておられる。

県内のある地域で自治体の委託を受けて子ども相談に当たっているあいち民研所員もこの講演を聴いたが、その所員は自身の体験を基に、「私のかかわった虐待を受けた子は『親を殺したい』と言っていた。その方がまだ健全なのかと思ってしまった。受けたことへの怒りをきちんと表しているから」という感想を述べた。早川講演に繰り返し出てくる、子どもの生き方の尊重にたつ子ども理解・子ども擁護に啓発されたからであろう。

本稿をまとめている筆者は、児童相談所に措置される事案を審査する児童福祉法上の任務を十数年担当してきた。数多くの措置ケースの中で、暴力をふるう親にも「わが子」への思いはあり、その子への強い依存性が逆に暴力を呼び込む一面もリアルに観てきた。背景に、貧困と格差の影響もあることを痛感してきた。

その筆者の経験からも、講演者・早川真理さんの活動に敬意を表したい。ＳＳＷの仕事の価値は社会正義と人権、子どもの権利擁護にあるという明快なミッションの考え方を身に付けていて、日々研鑽されているからである。

なお、早川講演の要旨を本冊子に収録するにあたり、具体事例を使ってＳＳＷの活動の子細を話された部分は割愛したことをお断りしておく。

講演二〇一九年二月　（文責　折出健二）

まとめ

あいちが育む共生と支援の真実(リアル)

― そばを歩む他者(ひと)と紡ぐ希望の物語 ―

折出　健二

【あいち民研所員　愛知教育大学名誉教授】

1　はじめに

　この冊子には、ヒアリングと講演の二〇件の記録が収められている。いずれも、当事者である子ども・若者、保護者、支援者そして保育・教育の実践家のリアルな語りを中心にまとめられている。語り手を視点において見るとその大まかな内訳は、次のようになる。

幼児教育・保育の現場から	三件
保護者の立場から	五件
小中学校・高校の教師の立場から	三件
子どもの支援・援助の当事者から	三件
学童保育指導員の立場から	二件
不登校・発達障害の当事者から	三件
被虐待体験の当事者から	一件

　まず、これらのすべてに共通するのは、子ども・若者の内面に寄り添い、その生き方と向き合う姿であり、かれらを支える保育者・教師・学童保育指導員・支援者の真摯な姿（ケア・テーカー）である。そして、わが子の成長を願いながらも、実際には、様々な現実に振り回されながら、悩み、考え、求め、歩みだす保護者の姿である。

　一件の講演を除いてすべての記録は、当事者の語りを聴き取る方法でおこなわれた。あいち民研の二五周年記念となる調査活動をめぐる所員会議等を経て、この方法でおこなうことになった。その方法は「ヒアリング」（または聴き取り）調査として一般にも知られているが、調査研究の方法としては「ナラティブ・アプローチ」として近年注目されている。その主旨は以下の通りである。

　「シンプルに言えば、ナラティブ・アプローチは、当事者の語りを聴くという言語形式で得られる情報を、事象を意味づける有力なものとしてとらえるがゆえに成り立つ調査活動である。そのうえで、ナラティブ・アプローチは、当事者の語る言葉と物語に着目して、その世界における出来事をとおして、語り手も聴き手も、その物語に伴う呪縛や支配と従属の関係から少しでも脱することを目的としている。

これはヒアリングの行為に当てはまる。一定の時間をかけてじっくりと語ってくださった当事者が、終わった後に『なにかもやもやがとれた』とか『気持ちがすっきりした』と感想を話されるのがそれを表している。また、聴く側も、一面的に見ていたかもしれない現実や事象の見方を変える契機となり、当事者でないとわからないことを知ることになって、聴き手自身の変化につながっていく面がある」(折出健二「あいち民研の今期ヒアリングにおけるナラティブ・アプローチ的な要素について」『あいち民研』第一七一号、五ページ)

当事者の語りを受け止めて聴き手（調査チームのメンバー）がどのような「意味づけ」をし、「見方」をどのように形成したかはそれぞれの記録に載っている「ヒアリングを終えて」をお読みいただければ幸いである。筆者は本稿のためにすべての記録を読んだが、聴き手の思いや当事者の抱える問題への共感と深い理解が、短いスペースの中に凝縮されているのを強く感じた。感銘を受けたといってよい。

ところで、本稿のタイトルでは「あいち」と記載した。それはなぜか。「愛知」は自治体や地形的な区分を表わす言葉である。これに対して、当研究所も名称は「あいち県民教育研究所」としているように「あいち」は「愛知」では表せない事柄を大事にしたいために使われている。

それは、何よりもまず一人ひとりの子どもと若者・大人が様々な生活現実のもとで生き、成長と発達に挑んでいる姿の（愛知らしい）コミュニティを示すためである。二つめに、愛知という風土で子育て・教育、文化が、各地域の因習や伝統、人間関係などを多層的・複合的に重ねた境遇のなかで営まれていることを指している。三つめに、だからといって愛知県という自治体のなかにとどまるのではなく、ここで営まれる子育て・教育の多様な要素や側面が全国のそれとつながっていることも表わしている。つまり、「あいち」は「愛知」に生きながらその当事者として「愛知」を客観視する視点を際立たせたいための表記なのである。

2　幼児期からゆっくりと育つことの大切さ

スイスの人間学・生物学者、アドルフ・ポルトマンは、私たち人間の誕生を「生理的早産」とした（高木正孝訳『人間はどこまで動物か～新しい人間像のために』岩波新書、一九六一年）。その主旨は、他の動物に比べて保護・養育をうけなければならないほどに「無能な」状態で生まれるが、それは人間が「世界に開かれ」言葉の獲得や文化に接するなどして「決断の自由」をもつ主体に育つためである、ということである。それは、他の動物に比べて進化の過程で「おそくなった」のではなく、人間になりゆくために「ゆっくりと」発育していくための誕生のメカニズムだというのである。

保健師の鈴木せい子さんは、こうした誕生のすばらしさを踏まえて、「生きているだけで百点満点」と子どもの存在そのものをたたえている。健常児とされる場合はもちろんだが、何らかの障害をもって誕生した子どもこそ、親としてはその思いにつうじる気持ちが強いのではないだろうか。

わが子の「いのち」のかけがえのなさ・尊さに心から共感するからこそ、とくに母親は、出産後の育児・養育に我が身を投じて、今回の聴き取りでも語られているように、心も体も「ボロボロ」になりながらも懸命に子どもと向き合ってきている。こうしたリアルな思いは、統計的な調査手法ではなかなかつかめない。「語り」を聴き、綴ることで、読者にも共有していただける。

ハイハイをし始めた時の赤ちゃんは、顔をあげじっと親を見つめ、小さな両腕を使って脚で蹴って体を這わせながら近づいて来る。そのまなざしは、すばらしい。「生理的早産」とは、こうした親子の出会い・対面を学ぶための演出であるかのように、家庭の中での信頼関係の基本が繰り返される。その子どもたちが、保育園・幼稚園で同年の仲間と交流しながら、遊び・制作・からだづくりや言葉の学習などを通して、成長にチャレンジしていく。

H幼稚園のように幼児の人間らしい発達を願い工夫さ

れたカリキュラムと、「ひまわり文庫」などの文化的環境を整えている実践があることは、とても心強い。保育の現場でも、「子どもの土台づくり」を大事にし、ある園長も語るように、子どもたちの感情を耕しその表現である「泣くこと」を大切にしている例もある（第一章）。

その一方で、子どもの発達をめぐる問題も複雑になっているし、抱っこされていないために体が異様に硬かったり、外遊び経験がないので園でもぎこちなかったりするなど、子どもの成育環境の影響も現れている。その背景にはこんにちの格差の問題がある。これは本稿の後半でも取り上げたい。発達の微細な様子と向き合う保育現場では、その多様性や機能的な弱い面を人間発達の視点でどう受け止め、より良い状態にどうサポートしていくかで日々努力している。記録からその様子が十分に伝わってくる。そのポイントは子どもの活動内容の工夫である。また、発達相談・発達支援のために療育センターとの連携にも細かな気配りがなされている。

スマホ世代に属する親の中にはスマホに子守をさせているし、子どもには「スマホのように愛されたい」の思いが生まれていることもわかった。わが子の目を見つめながら言葉で気持ちを通わせる、基本的信頼関係づくりのコミュニケーション機能が一部崩れかけている。この問題も、今後の子育て改善の課題となるであろう。

3　子育てのなかで大人が子どもと出会い直す

保護者の五件の聴き取りでは「子育てや教育をめぐる語り」が深められた（第一、四、五章）。若い母親は、今日の就労実態を反映して配偶者の子育て参加がむずかしい環境で育児にあたるが、疲労も大きい。ひとり親家庭ではなおさらである。つい大声で、子どもを叱ってしまう。ある母親はそうした時に、長女から「ママがんばってね」と言われ、泣けたと語っている。養育する相手（幼児）が実は自分を親として受け入れ、働きかけてくれている。幼い人格形成主体と向き合っているのである。この関係性を見失わないことが虐待を避けるうえでは必要だが、その関係性自体の意味を「しゃべり場」などで確かめ合える親同士の交流が必要である。その場づくりは、各コミュニティの課題になっている。

祖母たちの座談会では、孫や甥の発達をめぐる姿がかなり詳しく語られ、育児に参加している様子が窺えると共に、中には孫の発達が気になりながらもその相談相手が得られないという一面も見えた。祖母同士の交流も、いまは大事な育児の要因になっている。

三歳児健診で自閉スペクトラム症とされた子どもの育児体験は、子育ての社会的性格を改めて浮き彫りにしている。ある子どもは現在（ヒアリングの当時）中学生だが、私立幼稚園では担任から「いらない子」と廊下に立たされることがあって、そのため公立保育園に変えてその子のニーズに合う保育を受けることができた。しかし、小学校では、低学年で「クズ」「知恵遅れ」などといじめにあい、不登校になった。中学校で知的障害児学級に所属しているが、学習障害のあるその子のニーズに合った学習指導がなされないままで、依然として「学び」が「学び」にならず苦痛な時間となっている現実が語られた。その子どもはずっと心の叫びを発し、保護者もそのニーズに寄り添う努力をしてきている。

この一例からも、幼児教育、小学校・中学校教育の現場で、発達障害の子どものニーズやその支援のための教育学・心理学的な知見や支援のスキルがいかにおろそかにされているか、子どものニーズが軽視されているかが窺える。乳児期にあれほど輝いて大人（親や支援者）に依存しながら成長に挑んできた子どもが、幼児期以後「学び」を苦痛にしか感じなくなる。これは、教育機関を含む社会の環境が子どもの発達可能性を抑え、ゆがめていることを意味している。親が子育てでわが子と出会い直し、わが子からも学んで親に成長していくように、幼稚園教諭・保育士・教師もまた、様々な発達課題を持つ子どもに出会い、そこで学び直して専門職者になっていくのではないか。「多忙のためにそれが難しい」では、いまは通用しないし、専門職者の任務にふさわしくないであろう。発達の支援や援助・指導のできる職場環境に変えるために何をすべきかを議論し実施してこそ、県民・市民の付託を受けている公教育の在り方といえる。

4 不登校・発達障害の当事者からの問いかけ

高校生一名、大学生三名の不登校当事者の語りが収録されている（第四章）。高校生は小学校高学年時にあることでゲーム漬けになり、以後、不登校になった。中学校では教育支援センターに通って卒業後は、自分の意志で定時制高校に進学した。自分で行くと決めたこともあり一日も休まずに通っている。

大学生の三名は、それぞれの背景があって思春期に不登校になった。三名とも、学校に行けない自分の内面を親にはわかってもらえず、「今日はどうするの？」とか「行きなさい、気持ちの問題だ」と問い詰められたという。そのうちの一人は、離婚後の母親の苦労が見えているため学校でいじめにあったことを言えず、一間のアパートで一緒に居ても会話のない時間が過ぎたという。自死願望もあった。今は三名とも、大学で「自由な学び」に出会い、友人もでき、ヒアリングにも応じてくれるほどに自分の不登校体験を対象化できるようになった。

親の気持ちは複雑で、ある父親はわが子が不登校の時、「渦中にいたその時は心中穏やかでなく、ただ毎日をやみくもに走っているような、暗闇をさまようような気持ちで」過ごしていたという。しかし、登校拒否・不登校問題のつどいに出会い、ほかの保護者と交流する中で、「子どもたちを信じることができれば、背中を押したり引いたりする必要はないし、決して脅しと利益誘導で動かそうとしないはずと腹に落ちた」（『あいち民研』第一六〇号）。不登校の児童・生徒数が年々増える今、愛知でも同じような思いの保護者が多くいることが推察される。当事者の語りを聴くと、「なぜ行かないのか」式の問い詰めがいかに子どもを苦しめていることか。しかも、その子どもは苦しさ・つらさを親には見せまいと必死にこらえている。保護者の側が、他の家庭や他の子どもとの比較の目線でわが子を見るのを脱して、寄り添えるなら、子どもはもっと素直にいまの不安や揺れる心を語り始める。ほんとうは、たっぷりと聴いてほしいのだ。泣きじゃくりながらでも自分のつらさを分かってくれる他者（ひと）は親しかいないとよくわかっているからだ。

発達障害の当事者の語りにも注目したい。彼は、小中学校、高校ともに自己肯定感をもてないままだったが、大学でフレネ教育に出会い、これまでの自分が受けた学校教育は「決められたことをこなすだけの学校」で、「だまされた！」と叫びたかったという。教師の教育実践の自由が奪われている学校システムの下でそういう抑圧の現実が生まれているとわかった。彼はある女性との出会いで、親からも教師からも得られなかった自己肯定感を得た。診断を勧めたのも彼女であった（第五章）。

不登校、発達障害の聴き取りでも、「いま・ここにいる」自分を許容してくれて壁にぶつかっても、見守り、後押ししてくれる他者の存在がいかに大きいかをリアルに知ることができる。それに気づくときに、保護者も変化する。自閉スペクトラム症と診断された少年の母親によると、初めの頃は「学校は行くものだ」とわが子を縛っていたが、小二の頃、「お母さんは僕のことをわかってくれていない」と本人から言われ、それが転機となってわが子から学ぶように変わったという。あれほど苦しんだ子育てをこんどはわが子がまるで「教師」のように導いてくれたともいえる（第五章）。

5　貧困・虐待の境遇と脱学習の可能性

学習支援事業（無料塾）の支援者の聴き取り（第六章）では、来級者（中学生が中心）の保護者は外国籍が多く、就労環境は厳しい状態であることがわかる。その「語り」と聴き手のコメントからも、勉強以前の問題として「健康で文化的な最低限度の生活」（日本国憲法二五条）が保障されていない。また、その境遇に対する学校関係者の理解と認識がきわめて浅く、その家族の日頃の結果が招いたことだと見る、自己責任で片づける傾向がある。

それは、格差の現実を個人単位・家庭単位の能力の結果とみなし、「あのような状態になるよ」と回避すべき対象に挙げることで当事者を社会から排除する差別に転化していく。この構図は、不登校・ひきこもりに対する偏見のなかにも潜んでいる。

貧困とは、単に経済的な窮乏状態を指すだけではない。子どもにとっては、人格形成の大事な人間関係の貧困（関係性の欠乏）も含めて捉えなくてはならない。貧困は、家庭におけるネグレクトや身体的・心理的虐待を生む背景要因にもなっている。

愛知県児童福祉審査部会の委員を務めている筆者の経験では、児童相談センターに措置されるケースは圧倒的に「虐待」事案で、その殆どは何らかの形で貧困とつながっている。金銭的なことで毎日親が目の前でケンカし暴力が繰り返される境遇の子どもは、一時保護所に入った後、家に帰りたくない、という。子どもなりに自分の居場所を自分で選びたいのである。それは、自分の人生を選び取って自立していく権利の行使ともいえる。

そのことをリアルに物語るのが、被虐待の当事者からのヒアリングである（第六章）。詳細はその記録に譲るが、虐待を受けている子どもは「その症状が言葉である」。これは当事者でないと語れない真実である。だが、その「言葉」はただ過去体験とその心的外傷を語るだけではない。寄り添って聴いてくれ必要なサポートを提供してくれる他者に出会うことで、その「言葉」は、自己体験を対象化し、自分史の中の一つの出来事に転化する力を得て、そこから新しい課題にチャレンジしていくのである。自分を自分として他者に表現できる力の獲得をエンパワメントと言う。暴力や抑圧の被害を「症状」に表わし、他者の支援によってそれを対象化できるまでに変わり、本来の「語り」を取り戻し、エンパワメントされる。この一連のプロセスが、精神医学者、ジュディス・L・ハーマンの言う「unlearning 脱学習」（過去体験で学習したことを脱して新たに自立を学び直すこと）である（中井久夫訳『心的外傷と回復』みすず書房、一九九六年）。

学童保育の現場でも、課題は同じである。「わからない」を受け止め、「いい子」でいることに自分を縛り付けている苦しさをほぐして関わるなど、指導員のしごとに内在する支援力を発揮している。子どもの権利条約三一条をふまえ、子どもの企画・運営プロジェクトによる自主活動を保障する実践は、学童保育所を子どもの「ホーム」であり活動世界であるように創り出すものである。

スクールカウンセラーとスクールソーシャルワーカーは、対個人の支援、家庭と学校の関係性の支援という対象の違いはあるが、どちらも子どもの生き方に寄り添い、その内面の葛藤・不安を受け止め、読み解きながら、その子自身の力で現状を変えていくことができるように支えている。子どもの権利擁護という基本が仕事の中に据えられていることに、私たちも啓発される。

6　支援と援助・指導はどうあればいいいか

小中学校・高校の教師、学童保育指導員、そしてスクールカウンセラー、スクールソーシャルワーカーのそれぞれの「語り」（講演を含む）は、「子どもに寄り添う」ことの実践的な意味をとてもていねいに掘り下げている（第二、三、五、補章）。なかでも、不登校傾向の生徒、過去に被虐待の疑いのある生徒と（担任ではないのに）じっくりと話すことで生徒たちを支えている高校教師の行動は、新たな教師像を暗示している。すなわち、教師は教科指導者、生徒指導者である前に援助専門職者であるという教師観の転換である。これとは反対の現実もある。職場でパワハラを受けて苦しんだ教師の体験は、いまだに権威・権力優位の支配構造が学校現場に根強いことを物語っている。権威に寄りかかって自分の地位を保とうとする教員と、子どもに向き合うことを最大の仕事の中身として、指導を相対化し自己研鑽する教員との違いがそこにはある。

7　子どもの自立に寄り添うとは
―子育て・養育が希望をつかむために―

子どもが自立するとはどういうことだろうか。

いまだに、「自立」とは、他人に頼らず、他人に迷惑をかけないで自分のことは自分でする、と解する傾向が強い。これでは、様々な障害のある子どもやその保護者にとっては、ただ受忍の人生を歩めと言うのに等しい。このような自立観は、家族が単独で、自分たちの努力で生計を営み子育てする、といった我が国にある家族主義的な観念とも結びついてきた。

さらに、この問題は、市場の価値評価こそが社会の公正な仕組みであり個々の努力・能力もそのように価値づけられるとする近年の動きによっても深刻になっている。すなわち、家族を単位とする養育の個別化・私事化とこれに結びついた能力主義の問題である。しかもこれらが、「世間」体や保守的な家父長風土によって覆い隠され、子育てを目に見えない圧力で縛るような上下の秩序を要とする観念を一部の地域の中に生み出している。

こうしたことの結果、養育（子育て）を担う家族単位の営みが、単なる私事を超えて社会の格差化に巻き込まれるようになった。すなわち、養育者は子育て・養育における自分と家族の利害にかかわる判断者・実行者そして責任者であるべきだとする観念がますます強まってきた。これは、最近の言い方では、「養育（子育て）の自己責任」重視の見方・考え方といえる。この子育て・養育観は、公共的な施策や制度の関与はできるだけ最小限にして、個人の裁量と努力で養育に当たることを最大限に求めるべきではないかというものである。ここに能力主義が織り込まれている。ここでいう能力主義は、もともと能力は個人単位のもので、その能力の程度や発揮には差があって当然で、能力の結果に基づく序列は社会の秩序を保つうえで最大の原理だとする考え方である。

養育（子育て）の私事化と自己責任が能力主義と絡む状態は、複合的な社会観念や行動様式となって現象するから分析はむずかしいが、社会の事象を見ればよくわかる。幼児期では、「自分は働きながら子どもを保育園に預ける」女性の育児と働き方への冷たい反応、学童期では、貧困家庭に対する就学補助・援助の公的な支出に対するネガティブな反応、さらには高校段階では、例えば私立高校の学費無償化運動に対しては、「自分が選んで私学に入ったのに公的助成を求めるのはおかしい」と非難する声、などである。

養育自己責任論と能力主義の結びつきは、公的補助に頼らなくてもやっていける比較的高い社会階層に現れやすいが、中流階層の中にある上昇志向によってもそれらは表に出やすい。そこには、子育て・養育のもつ公共性に対する理解の遅れがあるように思う。

どの子どもも家族の中に生まれるが、成長していくにつれて、市民社会に参加する「ひと」＝権利主体者へと高まっていく存在である。ルソーは教育小説『エミール』の中で、人の子として誕生するが、青年期への移行に際して「社会の中で生きるために誕生する」ことを「第二の誕生」と呼んだ。すべての子どもが、一人の児童から市民社会の担い手として「生まれる」意味での「第二の誕生」を迎えるのである。この意味では、子どもはその誕生のときから社会性を内側にもったおさない市民なのである。したがって、すべての子どもの幸せと健全な人間的発達のために国と社会が必要な公的援助を行うことは、ひとたび「生」を受けた子どもたちにとってきわめて妥当な社会的仕組みなのである。

ところが、「わが子」と「家族」にとらわれる養育の個別化・自己責任論は、そうした社会的存在としての子どもという見方を押しやる傾向がある。多くの保護者、とくに母親が子育てをとおして抱える不安・葛藤の背景には、養育の持つ公共性や社会性に対する無関心あるいは無理解などの社会的現実も働いている。年配の義母から「私は自分でこうやってきた」と語られ、若い母親たちの子育て交流や保育所増設等の請願運動に対して冷たい反応が示されるのはその一例である。

同じことは、発達障害のある子どもに対する養育のあり方についても、その自己責任論と同様の目が向けられ、自治体や公的機関が補助や援助に当たる育児の公共性を確立することに消極的な面が見られる。本稿ではこれ以上の具体的な分析は控えるが、愛知だけではなく全国にも共通するいまの日本社会の根本課題である。

そうした情勢にあっても、子どもの自立観を根本から見直して、子どもに寄り添う関係性をつくることはできる。自立とは他者に依存しつつ、他者の支えを受けて、自分の力で自分を変え成長させていくことである。この自立に寄り添い、子どもの変化と成長に最も関心を払いそのために自分（支援者）の役割や行動を変えていこうとする。この関わり方こそ真のケアのありかたである。

二〇件の記録は、それぞれの当事者の「語り」をとおして、このような現代社会の構造的な問題と養育・教育のもつ公共性についても、浮き彫りにした。

私たちにまずできることは何か。何よりもまず、孤立した子育て・養育の現実を少しでも変えていく関係づくりが大事である。一人ひとりの当事者がいろんな悩みを抱えておられると思う。小さな場、小さな取り組みからでもできることがある。それは、「悩む」ことは決して自分がダメだからではなく、自分を他者にどう開きどう関わらせていくかを考えている、とても真っ当な生き方であることを当事者と分かちあうことである。保育・教育の実践家や指導員・支援者においては、子どもたちの発達の多様性と支援・援助・指導の工夫や開発の意義をいつも問い直しながら、子どもたちの自立の歩みに立ち会っていただきたい。行きつ戻りつして揺れる歩みではあっても、一人の市民になりゆく宝の学びがある。そこでの対話と共感、前を見つめる共見関係こそ、子どもの権利を具体的に擁護していく営みであることを繰り返し確認していくようにしたい。そこから希望が生まれてくる。

8　おわりに

収録した記録のすべてから、子どもの発達を支援する社会的保障の制度や政策の在り方も問いかけられている。それは、子どもが通う施設・設備・規模から、学校での

「生徒指導」の見直しや入試制度まで含めたトータルな「あいちの子育て・教育」をより良いものにするために、経験と思考を基に改善の方向性を探るものとなっている。

あいち民研としては、ヒアリング調査で得られた知見や現場の問題点などをこの冊子の活用によって読み開いていき、県民・市民との学習会等を通して具体的課題を明らかにしていきたい。そのヒントは、ヒアリングの「内容とコメント」の中に示されている。

付記　本稿「7」節に関して、中西新太郎「『格差社会論』は何を見ないか」（季刊『前夜』八号、二〇〇六年）などの諸論考を参考にした。

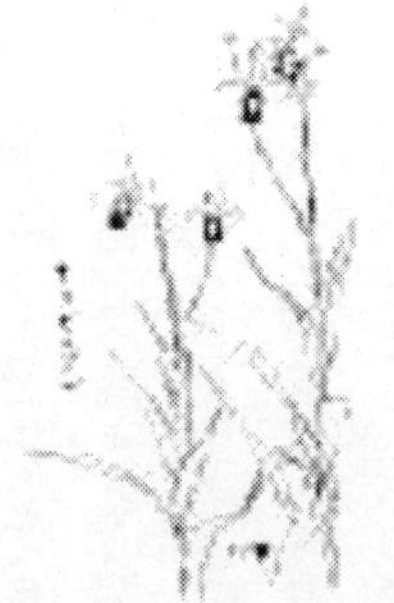

あとがき

本書は、あいち県民教育研究所25周年事業として取り組まれた「第三期あいち民研子育て・教育総合調査」の報告書として刊行します。

企画から刊行まで四年の月日を要しましたが、ヒアリング調査にご協力をいただいた方々、編集・執筆に関わっていただいた方々に感謝いたします。（T）

二〇二〇年四月二〇日

【 執筆者一覧 】（五十音順）

折出　健二
鬼頭　正和
黒澤ひとみ
榊　　達雄
首藤　貴子
丹下加代子
早川　教示
山口　　正
山田　隆幸
山本　理絵

「子ども・若者・おとなの語りから見えてくる
現代の子育て・教育」
― 子どもの願い・おとなの悩みに寄り添って ―

2020 年 6 月 7 日　初版

編著者　　あいち県民教育研究所（所長　榊 達雄）
http://aichi-minken.sakura.ne.jp
発　行　　ほっとブックス新栄
〒461-0004　　名古屋市東区葵 1 丁目 22-26
Tel：052-936-7551　　Fax：052-936-7553
http://hotbooks.kyodo.ne.jp/
印刷・製本　エープリント

落丁・乱丁がありましたらおとりかえいたします。

ISBN978-4-903036-33-5 C0037 ¥1400E